うつくしく、やさしく、おろかなり

私の惚れた「江戸」

杉浦日向子

筑摩書房

目次

壱　江戸の粋と遊び

神田八丁堀……10
うつくしく、やさしく、おろかなり……13
江戸っ子と遊びについて……22
スカスカの江戸……24
贅の文学……32
ウカツなしあわせ……38
無能の人々……41
江戸の色……47
江戸・遊里の粋と野暮……50

弐　江戸のくらし

或る日の江戸地上約一尺観察……76
江戸町人と結び……83
江戸の育児と教育……88
カカアのチカラコブ……94
男と女の江戸事情……97
江戸のおんな……102
お江戸の水と緑……127
江戸のくらしとみち……140
お江戸の妖怪めぐり……151

参　江戸の食事情

花のお江戸の底力……158

江戸のかおり …… 160
江戸ぐるめ事情 …… 165
お江戸の食事情 …… 184
江戸の羊羹物語 …… 191
江戸の麵事情 …… 198
カレーライス隆盛の秘密 …… 205
江戸の豆腐事情 …… 212
江戸の温泉事情 …… 219
解　説　松田哲夫 …… 227

うつくしく、
やさしく、
おろかなり――
私の惚れた「江戸」

杉浦日向子

壱　江戸の粋と遊び

神田八丁堀

「江戸に住みたかったろう」と人は問う。

日夜江戸に淫し、のべつまわらぬ舌で江戸を語る（騙る）身にあっては、ソウ尋ねられるのが日常だ。けれど自分は今が良い。昨日でも明日でもない、今日この日の、ここが良い。どこへも行きたくない。現在たまたまいる場所が、いつでもどこよりも良い。

今生きてここにある自分は、江戸が好きでたまらないけれども、もし、今より少しでもずれて産まれていたなら、たぶん江戸には巡り会わなかったと思う。「かれは産まれるのが、早かった、遅かった」と、後世のこざかしい輩は言うが、命の咲くタイミングに、時差があるとは信じない。そして、もし自分が江戸に産まれていたなら、きっと別の時代に恋い焦がれていた筈だ。

昨年、手前勝手に「隠居宣言」して以来、いっそう「ああしたい、こうしたい」という欲（意欲）とは縁遠くなった。今ここにある自分の体重分の人生に過不足はない。これでモウたくさんだ。それでも「コレサ、お前はどこの者だエ」と問われれば、反射的に「アイ、神田の八丁堀サ」とうそぶく洒落っ気は残っている。

綾小路麩屋町。京の都で、ええくらかげんのことばっかしほざくお調子者が住まう住所だそうだ。なぜかって、アヤノコウジフヤマチ、略して「アヤフヤ」じゃあないか。なるほど。

その昔、江戸の能楽者（能楽に携わっているノウガクシとは関係無い。能《よ》く楽をするノウラクモノ、ノラクラな奴のこと）は、神田の八丁堀に巣くっていることに、相場が決まっている。江戸後期の売れっ子作者、十返舎一九の出世作『東海道中膝栗毛』の主役、弥次さん喜多さんの長屋の住所も、ご多分に漏れず、神田の八丁堀となっている。なぜ、神田の八丁堀なのだろう。

綾小路麩屋町は実在する町だが、江戸神田八丁堀は、地図にはなく、今なお特定されない架空の地である。「芝で産まれて神田で育つ」のが、江戸っ子の王道だから、登場人物が江戸っ子を名乗るに当たっては、どうで神田は外せない。

通常、八丁堀とだけ言えば、「八丁堀の旦那衆」で知られるように、南北奉行所に勤務する、与力・同心の居住区の地名として認識される。ここは、現在でも地下鉄の駅名にあるとおり、築地に程近く、神田の範囲にはない。

では、神田の八丁堀とは、なんなのか。江戸っ子のステイタス・神田に、口八丁手八丁の意を掛けたものか。

考証家の綿谷雪《わたたにきよし》氏により、現在の兜町の辺りが、神田の八丁堀と俗称されていた可能性が指摘されている。今や、血走った目の証券マンが揉み合う兜町で、ノラクラなんかしてられない。

能楽者のネバーランド、神田の八丁堀は、胸裡にこそ存在する。

（「マルコ・ポーロ」一九九四・七）

うつくしく、やさしく、おろかなり

「これは江戸川の若旦那。なにをお調べになるんでございます」

笑いながら店先へ腰を掛けたのは四十二三の痩せぎすの男で、縞の着物に縞の羽織を着て、だれの眼にも生地の堅気とみえる町人風であった。色のあさ黒い、鼻の高い、芸人か何ぞのように表情に富んだ眼をもっているのが、彼の細長い顔の著しい特徴であった。（「お文の魂」より）

かれが、音羽の堺屋の店先へ、その姿をあらわしてから、八十余年が過ぎた。かれは、神田三河町に住む、半七という岡っ引きである。

かれを生んだ作者は当時四十四五の痩形の長身で、紋付き羽織袴の威儀を正した姿の似合う、だれの眼にも立派な門をかまえる先生風であった。色の白い、端正な輪郭に、大師匠か何ぞのように潔癖の性質を映す真っ黒な瞳をもっているのが、彼の細長い顔の著しい特徴であった。

かれが、当時麴町元園町《こうじまちもとぞのちょう》に住む、岡本綺堂という作家である。

壮年の半七が捕物に活躍したのは幕末だが、捕物話を好奇心旺盛な明治青年に語りはじめるのは、日清戦争の後、いまはむかし、老年の楽隠居の設定となっている。「半七は七十を三つ越したとか云っていたが、まだ元気の好い、不思議なくらい水々しいお爺さんであった」と作中青年は記す。

そして、かれの物語も、八十年をいくつか越しても、すこしも色褪せず、不思議なくらいの瑞々しさを湛えている。

綺堂本を読むのはうれしい。旅先で不意に読みたくなって、行きずりの本屋へ、文庫をさがしまわることがある。読みたい、となったら、なんとしても読みたくなる。同じ文庫が数冊書架にあるのは、そういったわけだ。

いつ読んでも、はじめ読んだ時と変わらず、うれしい。清流に喉をうるおした旅人が、その甘露が忘れられず、度々不意に立ち寄りたくなる。そんな気持ちだ。

岡本綺堂は、明治五年十月十五日、東京芝高輪に生まれた。その年の十二月三日に、旧暦から新暦へと日本が変わる。家は百二十石取りの旧幕臣で、維新後、父は英国公使館の書記をつとめた。そんな環境の中、綺堂は、早くから外国文学に親しみ、丸善へ洋書を仕入れに通った。むろん、士族の子らしく漢学も習得し、そして、母の好きな歌舞伎芝居から、江戸文芸へも通暁していく。和漢洋の書籍を、朝から晩まで読み耽った少年時代だったという。

綺堂の作中を、一貫して流れる、清新な視点は、古今東西の大洋を回遊した果てに得られたものなのだろうか。

作者である綺堂は、物語に溺れず、突き放さず、丹念なる目配りで、描いていく。文体は、かれの立ち姿そのままに、しゃっきりしゃんと背筋が通り、うつくしい。実に冷静な、客観的姿勢なのであるが、学者が対象物を観察分析する作業とは異なり、画家がテーブル上の静物を見詰める目付きに似ている。画家が静物に相対する時、そのテーブル上に、自己の内面をも見詰めることになる。カンバスに描かれる静物は、画家の分身でもある。テーブル上の自己と静物、それらを等距離に見詰め、淡々とカンバスへ映しとる手技。

一対一で義太夫を語られるような小説の多い中（それが名人上手の節回しならば、陶然と酔えるだろうが、そんなのは万人に一人だ。同好の士ならば、千差万別、悪声乱調も「個性」の一興、と楽しめようが、そんな風流心のない身は、あいごめんなさいヤボ用がござんすと逃げ出したくなる。それだから、私は小説が不得手で、ほとんど手をのばすことはない）、寡黙なカンバスにこめられた物語を読む、静かな時間のしあわせは、滅多に得難い。

「半七の犯罪者に対する態度はきびしくて、感傷癖がない。そのきびしい中にも思いやりがあって、どうしたら救えるかを常に考えている。つまり法を重んじ、社会秩序を尊んで、なお市井の隣人愛といったものである。格別の名智も秘術も持っているわけではないが、機敏と気合と、そして用心深く、練達の腕前である。弁の立つことも特徴の一つにかぞえておこう」（岡本経一『半七捕物帳』旺文社版・解説文より）

これをそのまま「綺堂の小説に対する態度はきびしくて」ではじめて、途中を「格別に名智や秘術をひけらかすわけではないが」に、ちょっと変えれば、綺堂の小説作法にかなうのではないだろうか。実際、作品で時代考証を押し売りすることを嫌うかれは、懐古談という形により、現在の読者に解りにくいと思われる点を、無理なく、作中の人物に語らせている。

前出の岡本経一氏（岡本綺堂養嗣子、青蛙《せいあ》房《ぼう》主人）によれば、綺堂の気風が、半七の血肉を形作っているようだ。

「（綺堂は）若いときから癇癪持ちで議論好きで、喧嘩っ早かった。（中略）折り目を正す、筋を通すという段になると、決して妥協しなかった。誰からも、いい人だと褒められるようではダメだ、敵もあれば味方もあるという張りがなければ。（中略）一身のほかに味方なしという信条は、自分自身にも甘えない剛気の姿勢を崩さなかった」

「読物の方に向かっては、私の本業は戯曲ですから、無理な注文はお断りします。劇場へ向かっては、芝居で飯を食っている訳じゃありません。どうぞ他へお頼みなさい。そう言い得た二刀流のかれは、気に染まぬものへは、ひどく無愛想であった」

「なればこそ孤独だった。むしろ孤独を楽しむ強さがあった。下戸だから酒の上の失敗がない。旅が嫌い、会合が嫌い、徒党が嫌い、スポーツもギャンブルも嫌い、映画が嫌い、書画骨董あつめや、稀書珍籍をあさるのも嫌い、イデオロギーとセンチメンタル大嫌い、嫌い嫌いで艶聞もなし」（引用同前）

前半に書かれた綺堂の気概は、三河町の親分も、さもありなんのエピソードだ。後半の嫌いづくしには、無闇と共感する。酒と映画が嫌いでないのをのぞけば、みなあてはまるから愉快でたまらない。道理で、綺堂本がうれしいわけだ。もっとも、我が身の愉快は、嫌いの一致のみである。表看板がなにやら知れないところも、型は一緒だが、綺堂は、得心の行かない仕事を断る策術としたのだが、こっちのは雲泥、ぬらりくらりと責任の所在をあいまいにして逃げを打つ方便としている。
そのうえかれは、「その身辺といい机の上など整然として一点の塵はおろか、筆一本紙一枚取り散らしてある形跡は見えなかった」、「プロ意識の強いかれは追い込まれるのが嫌いで、いつでも締切りの二、三日前には仕上げ、きまって締切り前日に速達便で発送する」(引用同前)という潔癖には、穴はいりの大閉口となる。締切りと蕎麦は、ほうっておけばいくらでものびる料簡だし、ひっきょう、この書斎ときたら……。断腸亭のカオスの鬼気もなく、漫然と、出来の悪いカラスの巣のように、ガラクタにまみれている。無精を自慢してどうなる。それはさておき。

半七は、イギリスにおけるシャーロック・ホームズのごとく、日本で一番愛されている「探偵」だ。岡本綺堂の名を知らずとも、神田三河町の半七親分の名を聞かぬ気遣いはない、と、思っていたら、若者は、北大路欣也の「平次親分」より他に知らないと言う。でも、不幸な。

この度、綺堂本が、このようなコンパクトな一冊になって、ほんとうに良かった。若いかれら、娘や息子に、ぜひ読んでほしい。

つよくも、ゆたかでも、かしこくもなかった頃のわたくしたちの国に、うつくしく、やさしく、おろかな人々が暮らしていた。しんじられないかもしれない。けれどそれはほんとうのこと。そして、きっと、ああ、そうだったのかもしれない。たぶん、そうだったのだ、とわかる。

「半七」から五編。半七に続く系譜ながら、さらに、時代相を滋味豊かに、ゆったりと描いた「三浦老人昔話」から四編。珠玉の怪談集「青蛙堂鬼談」から二編。綺堂の名を世にあまねく知らしめた戯曲から二編。たいへんに贅沢な一冊となった。メイン・ディッシュばかり並んでいる。

うつくしく、たおやかな、四季の風物に包まれて、やさしく、つつましやかな、人が暮らしている。それら平和な景色の中に、「逢魔《おうま》が時」が潜んでいて、せつなくも、おろかな、人の生き様、死に様を、瞬間、闇の中に浮かび上がらせるのである。

綺堂の筆は、その瞬間を、とらえて描く。

たとえば「桐畑の太夫」の小坂丹下。「修禅寺物語」のかつら。「相馬の金さん」の相馬金次郎。みなつまらない死に方をしている。犬死にだ。それらの、うつくしくやさしくおろかな生死を、綺堂は、すこしも蔑むことなく、あたら美化することなく、毅然とした気品をもって描く。そこが凄い。

なんのために生まれて来たのだろう。そんなことを詮索するほど人間はえらくない。

三百年も生きれば、すこしはものが解ってくるのだろうけれど、解らせると都合が悪いのか、天命は、百年を越えぬよう設定されているらしい。なんのためでもいい。とりあえず生まれて来たから、いまの生があり、そのうちの死がある。それだけのことだ。綺堂の江戸を読むと、いつもそう思う。

うつくしく、やさしく、おろかなり。そんな時代がかってあり、人々がいた。そう昔のことではない。わたしたちの記憶の底に、いまも睡《ねむ》っている。

江戸の昔が懐かしい、あの時代は良かった、とは、わたしたちの圧倒的優位を示す、奢った、おざなりの評価だ。そんな目に江戸は映りやしない。

私がなぜ江戸に魅せられてやまぬのかを、人に語るのはむずかしい。惚れた男が、相馬の金さんのようなやつだった場合、親きょうだいに、かれをなんと説明したら良いのか。それと同じ気持ちだ。

いい若いもんで、ぶらぶら暇をもて余している。とくに仕事はない。たまに友達と、ゆすりたかりをする。ちょくちょく呑んで暴れるけれど、喧嘩は弱い。でもかあいい。なによりだれよりかけがえないのだよ。

私が惚れた「江戸」も、有り体に言えば、そういうやつだ。

近年「江戸ブーム」とやらで、やたら「江戸三百年の知恵に学ぶ」とか「今、江戸のエコロジーが手本」とかいうシンポジウムに担ぎ出される。正直困る。つよく、ゆたかで、かしこい現代人が、封建で未開の江戸に学ぶなんて、ちゃんちゃらおかしい。私に言わせれば、江戸は情夫だ。学んだり手本になるもんじゃない。死なばもろともと惚れる相手なんだ。うつくしく、やさしいだけを見ているのじゃ駄目だ。おろかなりのいとしさを、綺堂本に教わってから、出直して来いと言いたい。

江戸は手強い。が、惚れたら地獄、だ。

（『ちくま日本文学全集57』一九九三・七）

江戸っ子と遊びについて

あそびをせむとやうまれけむ。人間は遊ぶ生き物である。江戸っ子を見ていると、つくづくソウ思う。

とにかく、よく、遊ぶ。それこそ、寸暇を惜しまず、視聴覚、五体、頭脳、全身全霊丸々駆使して、遊んでいる。

現在の我々のように、二時間も並んで、新型ジェット・コースターに乗ったり、パック旅行で、添乗員の後っ尻につながって、右往左往するような、安直な芸のない「遊び」とは違う。

江戸っ子にとって、遊びは、パッケージングされた商品ではなくて、常に、手作りの創意と工夫のカタマリだった。それだから、懐が寂しいから遊べない、なんて事はなくて、一文無しでも十分に遊べてしまう。

四季折々を素材にした、風流な遊びの中でも、殊に江戸らしいのが「枯れ野見」だろう。雪でも、月でも、ましてや花でもない。冬の、一面に枯れた、何もない野っ原を、わざわざ見る為に出掛けて行くのである。どこまで楽しめるかは、遊ぶ人の才量次第だ。どんな場面からでも「旨味」を引き出す。ただ見ているだけじゃない。同じ風景を見ても、人より丹念に味わおうとするのが、江戸っ子の大好きな「一句捻る」遊びでもある。

また、江戸っ子たちの会話の中には、洒落、地口といった無駄口が非常に多い。短いおしゃべりの合間にも、駄洒落のひとつも入らないようでは、江戸っ子と言えないぐらい、言葉遊びが好きだ。相手より、ひとつでも多く無駄口を挟もうと、頭の中のデータを総動員して会話する。当然、ことわざや成句の在庫が豊富な年長者が、有利となる。

考えざる者、遊ぶべからず。これらの遊びには、臨機応変のアドリブ能力が必須であるから、人生経験の浅い子供たちの出る幕はない。江戸の遊びは、いつだって、喜怒哀楽の場数を踏んだ、大人たちが主役である。

大人が遊ぶ町。これこそが、江戸の大きな魅力となっている。

（発表誌不詳）

スカスカの江戸

この本（高橋克彦『浮世絵鑑賞事典』）によって浮世絵と出会う人は幸せです。

私は、本書の前身であるハードカバー版の『浮世絵鑑賞事典』で、そのことは体験済みですので、自信を持ってオススメいたします。

当時、私は江戸のことを調べ始めたばかりの頃で、視覚的な資料に飢《かつ》えていました。文章による江戸の本は、「江戸ブーム」と言われる現在とは比べものにこそなりませんが、私などには持て余すほどたくさんありました。それに対して、ビジュアルの方は、滅法少なく、そのために頭の中の江戸のイメージは、白黒のモンタージュ写真のようにぎこちなく、存在感のないものでした。そこで、浮世絵を有力な資料として活用したく思ったのですが、いざ接近してみると、浮世絵の世界は、ソノ道何ン十年の好事家や学者センセイのテリトリーで、通りすがりの者がズカズカ入り込めない聖域であることを知らされました。

右も左もわからぬ初心者の手を引いてくれるような親切な本は、どこを探しても見あたらず、わずかにある入門書は、浮世絵の入口をおぼろげに指し示すのみで、中へ招き入れてくれることはありませんでした。

歌舞伎や浮世絵関係の本を扱う神田のT書房で本書を手にした時は、暗闇で街の灯を見た気分でした。コンパクトで、収録されている絵師の数はダントツで、解説は、若々しく力強く（浮世絵の解説はジジムサイ。たとえば名所旧跡故事来歴などを、しかつめらしく並べたがる）、巻末の簡潔な「浮世絵の知識」も随分有難いものでした。

それが、今回このように文庫版となり、より一層コンパクトになったのは、大変喜ばしいことです。かつて、浮世絵の展覧会に行く度に本書を持参して、絵師の項目を引きながら観た覚えがありますが、文庫ならポケットに無造作に入れられるし便利です。

当初、私は浮世絵を風俗資料の、単なる道具として扱っていましたが、本書に触れてから、そういう表面的な姿勢を恥ずかしく思いました。高橋さんの文章の一字一句に、浮世絵への愛情があふれています。たった六百字の絵師の略伝にも、人柄を伝えるエピソードや、作画態度などを、できるかぎり盛り込んで、立体感のある、生きた人間像を示してくれます。また、一般の浮世絵の画集などではほとんど取り上げられることのないような（それでも、興味深い個性を持つ）絵師たちと知り合えるのも何よりの楽しみです。

この本を読んだ人は、必ず好きな作品、好きな絵師と出会えます。「浮世絵？　そういうの、あんまり……」と今まで言っていた人でも、「ふうん、こういう絵なら、部屋の壁に貼ってみたいな」とか「こういう絵師の描いた絵なら、もっと色々見てみたい」と、きっと思うはずです。この本は、事項を並べただけの無味乾燥な事典とは一線を画した「静かに熱く語りかける」本です。

余談になりますが、いつだったか、目を細めて皆の話をウンウンとうなずきながら聞いていらした高橋さんの姿を見て、作家の立松和平さんが「赤べコのようだ」とおっしゃって、高橋さんも、その場の人々も大笑いしたことがありました。私は今でも赤べコを見ると笑いをこらえるのに、ひととおり苦労します。高橋さんは、その春風《しゅんぷう》駘蕩《たいとう》たる容貌とはウラハラに、甘やかで、せつない詩情を解する方で、少年の瑞々しさ、大胆さをも持ち合わせていらっしゃいます。そんなわけで、以前に高橋さんを歌舞伎のキャラクターに見立てる趣向のあった時に、私はためらわず『菅原伝授手習《すがわらでんじゅてならい》鑑《かがみ》』の「桜丸」を選びました。悲壮感あふれる端正な美少年は、私の下手クソな似顔絵により、トンデモナイモノになってしまいましたが、高橋さんが桜丸のイメージだという気持ちに偽りはありません。そして、その高橋さんのお書きになる小説に、私はブラームスの交響曲のようなリリシズムを感じます。本書には、ショパンのマズルカのようなロマンチシズムの香りがします。マズルカに導かれつつ、浮世絵の世界を垣間見ることが出来るなんて、ほんとうに素敵です。

さて、私達にとって浮世絵とは近くて遠いものでした。ひんぱんに見かけるわりには心の動かない対象でした。なぜかと言うと、なんとなく「あまりカッコ良くない」し、深入りするには「めんどくさそう」だからです。「カッコ良くない」と感じるのは、マッチのラベルやお茶漬海苔のふろくに刷られた写楽や歌麿がソウです。「めんどくさそう」なのは、浮世絵が、あたかも一部の人達の独占物のように排他的に見えるからです。

高橋さんは、「浮世絵はキッチュ（Kitsch 大衆迎合的な通俗的まがいもの、ガラクタ芸術）だ。芸術ではない」とおっしゃいます。こんな乱暴なことを言う人は、これまでいませんでした（ここが桜丸たるゆえんです）。ポスターを選ぶように浮世絵を選べばいい。テレビを見るように浮世絵を見ればいい。つまらなかったらポイすればいい。「なぁんだ、そうか」です。

江戸人にとって、浮世絵は写真週刊誌であり、テレビでありました。アイドルのピンナップ、旅行ガイド、ドキュメント、報道、CM、アダルト、ゴシップ……浮世絵を見れば、江戸人の嗜好が一目でわかります。江戸及び江戸人に接近するには絶好の近道（抜け道と言っていいくらいの）です。

私は「江戸」をやりはじめてから八年になります。「たったの八年」ですが、何事も半年続いたためしのない飽きっぽい私の性格を知る人が聞けば、東海大地震を心配してしまう程の年月です。何がそんなに気に入ったかといえば、江戸人の好んで口にする自嘲「人間一生糞袋」という、テレとヤケクソのごっちゃになったタンカに意気投合してしまった結果のようです。

コトバはキタナイのですが、これは、上田秋成の『春雨物語』の一節「日出《ひい》でて興《お》き、日入《ひい》りて臥《ふ》す。飢《う》ゑては喰《く》らひ、渇《かつ》して飲む。民《たみ》の心にわたくしなし」と同じです。秋成は、また、その随筆集『胆大小心録《たんだいしょうしんろく》』の中で、「すべて忠臣・孝子・貞婦《ていふ》とて名に高きは、必ず不幸つみ〳〵て、節《せつ》に死するなり。世にあらはれぬは必ず幸福の人々なり」ということをも言っています。名が無くて幸福なり。

江戸人は、この、無名の人々の群です。このような人生を語らず、自我を求めず、出世を望まない暮らし振り、いま、生きているから、とりあえず死ぬまで生きるのだ、という心意気に強く共鳴します。何の為に生きるのかとか、どこから来てどこへ行くのかなどという果てしのない問いは、ごはんをまずくさせます。まず、今生きているから生きる。食べて糞して寝て起きて、死ぬまで生きるのだ。こう言われれば気が楽になります。何か、大きなものに、ゆるされたような、胸の内がほんわりとあたたかくなるような、やさしい気持ちがします。現代人はナカナカこういったことを言ってはくれません。たいそうらしい「理由」が答えられなければ、存在さえも否定されかねない性急さで、ごはんのまずくなる問いをたたみかけます。

江戸は二百六十年の間、ほとんど、何もなかったスカスカの時代でした。教科書の年表で見ても、江戸の所は白けて見えます。「無事これ名馬」の伝でいくと、こんなに良い時代はなかったんじゃないかと思われます。無名の糞袋がその日を暮らしているスカスカの江戸は、たまらなく魅力的です。

こんなところが、どこかにナイものかと思っていたら、リドリー・スコット監督のSF映画『ブレードランナー』の未来都市が、それに近い雰囲気でした。その未来都市は、スカスカどころか、超過密都市で、空はどんより曇り、空気は湿り、無国籍のコラージュされた風景の中で、あらゆる人種が、あらゆる言語をチャンポンであやつっている、混沌そのままの悪夢のような一場面でしたが、それを見た時に、不思議な郷愁と安堵を感じました。

「これは江戸だ」と思いました。東京の未来は江戸へと続き（なぜなら東京は江戸への予感に満ち満ちている、と感じている）、再び巡り来る江戸は、こういう形に違いないのです。映像は重く暗いトーンでしたが、街全体から受ける印象は、まるきり反対の乾いてスカスカした妙な活気があり、人々は糞袋的生命力を発散させていました。

未来都市というと、従来は白っぽい無機的なビルディングが整然と林立する中を、透明なチューブウェイが空高くくねり、人々は体にフィットした（スピードスケートの選手のような）ユニセックスなスーツを着て、整備された街の清潔な家庭には、忠実な家政婦ロボットと頭のいい子どもがいるはずでした。

闇鍋さながらの煮えくり返る雑然とした都市の中で、人間と、そして人間と見分けのつかない人造人間（まるで開化以前の妖怪達）が蠢《うごめ》いている未来像などは、二十年前ならば、とても考えられなかったことでしょう。けれども、太平に倦《う》みつつある今の私達には、リドリー・スコットのごった煮都市に安住の地を見出すことも、そうむつかしいことではありません。

今、私達はどこにいるのか、ほんとうのところ、まるでわかりません。「混迷する現代社会」というとおり、「混迷」が枕詞になっているくらいですから、見通しが悪いのは当然のようです。霧の中の航海のようです。進んでいるのか、流されているのか、逆戻りしているのか、何ノットで走っているのか、止っているのか、先にあるのは氷山か、大陸か、孤島か、見当もつきません。霧の向こうに一瞬見えたように思う未来都市も、果して幻影なのか実景なのか……。

太平の中の漠然とした（幸福ともいえる）不安は、江戸人と私達を更に強く結び付けることでしょう。

（高橋克彦『浮世絵鑑賞事典』講談社文庫、一九八七・五）

贅の文学

柳、やなぎで世を面白う
うけて暮らすが命の薬
梅にしたがひ、桜になびく
其日、そのひの風次第
虚言《うそ》も実《まこと》も義理もなし

これは、江戸後期に流行った端唄の一節で、ひそやかに私の愛する文句です。なんと、戯作的気分に溢れている事でしょう。

戯作者は言います。

「おれは大きな面をして高慢な事をいふやつをば、ぐつといぢめたくてならぬ。とかく世の中は茶な事でなければ、おもしろくないよ」（『太平記万八講釈』）

茶とは、かすり笑いの事で、声に出す明るい快笑でも、腹に含む皮肉な哄笑でもない、ふっと緊張の解ける、筋肉の緩む、殆ど無意味な笑いです。

戯作の精神は「とかく茶を専一《もつぱら》として」、とあります。戯作には、心洗われる感動も、身の引き締まる教訓も、目の醒める啓蒙も、爪の垢どころか、綺麗さっぱり微塵もありません。そこには、無意味な茶の笑いがあるだけです。「とかく世の中は茶な事でなければ、おもしろくないよ」とうそぶく唇には、「柳、やなぎで」の端唄が、スコブル良く映ります。

心中をも辞さぬ程、手放しの野暮天に入れ込んでいる江戸戯作の良さを、人に伝えるのは、もどかしくも難しい。住所不定無職の恋人を、身内に紹介しなければならないハメのようです。

他愛ないのが値打ちだよ、フットワークの軽さが身上だよ、などと言う「本音」で、スンナリ納得して貰える筈もないでしょう。

戯作は「無用文学」、日々の生活に必要のない「贅の文学」です。人類の叡知の結晶と言われる古今の名作を、心臓や肺とすれば、日々の暮らしに潤いを与えてくれる文芸佳作は、胃や腸だろうと思います。それなら、戯作はさしずめ、盲腸でしょうか。

なればこそ、合理、実用、進歩を旨とした近代国家に忌み嫌われるも、当然と言えば当然です。

そんな奴のどこに惚れたのか。

戯作は、百年このかた、絶えて久しい文学様式です。「現代の戯作者」と称される作家もありますが、それは、パロディーの手法で世相を穿つ、いわゆる風刺小説をこなす人々の事で、江戸戯作とは全く性格を異にします。戯作は、パロディー、風刺の形態を取りながらも、世事に一石を投じる、有意義な「目的」を全く持たぬ、批判せず賛同せず、何事にも囚われぬ、完璧なる無責任、無関心を、終始装うのを常としています。

戯作は、概ね江戸中期から幕末にかけての「江戸小説」の総称として用いられますが、私の意識の中での戯作は、宝天時代と呼ばれる、宝暦、明和、安永、天明の、たった三十年間に花開いた、絶好調の、江戸前の文芸の呼称です。

となると、本書中の『通言総籬』、『金々先生栄華夢』は、戯作で、『東海道中膝栗毛』、『浮世風呂』、『春色梅児誉美』は江戸小説、という認識になります。文学史上では、前者を前期戯作、後者を後期戯作としていますが、その前期と後期の違いは、帽子と靴、香水と醤油程の隔たりがあります。

前期戯作の時代は、作者も読者も、戯れに書き、戯れに読んでいました。つまり、普段日常は、それとは別の「ちゃんとした」事で（正業を持って）生活をし（即ち、余技）、「ちゃんとした」物（真面目な学術書）を読んでいた人の、消閑の慰み（即ち、間食）であったものが、後期の戯作では、作者も、戯作を書く事が、「ちゃんとした」本業となり、読者もそれのみを目指して（主食として）「ちゃんと」読むようになっています。物の役にも立たぬ、暇潰し、無用の贅が、おまんまの足しになる生活の糧、楽しみの主流となった訳です。これは、同じ炭素のダイヤモンドが石炭に化けたようなものです。

江戸戯作の愉しみの真髄は、尽くせど尽くせど情のない色男（色女）に惚れたが如き、因果な、マゾヒズムにあります。どこ迄、誠意を込めても、一向に意に介さぬ、暖簾に腕押し、糠に釘の、果てしなく無残な、「つれなさ」が良いのです。

こんな、無重力の遣る瀬ない文芸は、多分、後にも先にも、古今東西、お目に懸かれないだろうと思います。

江戸という時代の、江戸と呼ばれた都市の、至上至福の、贅沢驕慢のエッセンスを、戯作に感じます。だからこそ、歴史書（実用）から江戸に入った人と、戯作本（無用）から江戸に入った人との、「江戸観」が、月とスッポン、提灯と釣鐘程に、違うのも、ムベなるかな、さもありなん、となるのでしょう。

江戸戯作の嚆矢と目される作者、平賀源内は、人の一生を、「寐れば起《おき》、おきれば寐、喰ふて糞《はこ》して快美《きをやり》て、死ぬるまで活きる命」（『痿陰隠逸伝《なえまらいんいつでん》』）と、情け容赦、アラレもなく、バッサリ一刀の下に、斬り捨てています。

眠れば夢に遊び、醒めては世知辛い現実に嘆息を繰り返し、にこにこ食べては、しかめ面で排便し、たまの夜には一瞬のはかない極楽を味わい、そんなこんなで、ふと死ぬるその日まで、お目出度くも生きているよ。

これが、泰平の逸民を自負する、「江戸人」の眼差しです。

恐ろしくドライな、呆れ返る程、あっけらかんとした、身も蓋もない、ブッチギリの明るい諦観ではありませんか。

クラクラむせかえる、プワゾン（毒）の香りがします。うかうかと、これにハマったらアブナイよ、という危惧から、江戸戯作が、長らく「要注意物件」として封印されていたのかもしれません。

未来に希望を持たず、さりとて、現実に絶望もせず、あるがままを、ありのまま、丸ごと享受して、すべて世と、命運を共にしようという、図太い肯定の覚悟が、戯作にはあります。

「無用、無意味、無責任」と見せて、実は「死なば諸共」の腹を括っている、しなやかで、したたかな戯作が浮上する世は、必ず、泰平の果ての、大変換の予兆を孕んでいます。

平成の私達は、どこ迄戯作に共感出来るのでしょうか。どこ迄江戸とシンクロ出来るのでしょうか。私達の泰平は、いつ迄続くのでしょう。


世紀末にありがちな設問ですが、「もしも、この世界の終わりの日に立ち会うとしたならば、あなたは、その最期の日を、一体どのようにして過ごしたいですか？」というアンケートを、つい先日うけました。

(出来得る事ならば)陽の当たる畳の部屋で、数冊の江戸戯作本(木版刷りの、凹凸もあらわな原本)を、寝転んで、ゆったりと読んでいたい。更に欲を言えば、それが、大好きな恋川春町《こいかわはるまち》の自画作の黄表紙であれば、私に取っての最良の日となるだろう、というのがさしあたっての答え(希望)です。


(『新潮古典アルバム24』一九九一・十)

ウカツなしあわせ

中学、高校の時の古典の授業は、どうしてあんなに退屈だったろう。教室の中は、防火用水の底のように暗く、アルミサッシの窓の外では、空気の粒子の一粒一粒が、黄金色の粉となって舞っている。遠くで黒板に白墨の当たる音がする。コッこっコ…ここコッこ…こここ…コ。「ケリ」だの「カモ」だのと、バードウオッチャーのお茶会じゃあるまいし、外へ出たい。校庭でボールを蹴りたい。欅の木陰で昼寝がしたい。屋上で牛乳飲んでクリームパンを食べたい。黒板とノートの間を行き来するクラスメートの黒い頭は、ボウフラのダンスだ。ピコ、ピコ、ピコ、ピコ。一体、あの頃、何を習ったのか、さっぱり思い出せない。古典の教師の教え方が特に悪かった訳ではなく、他のどの教科にしても、授業でどんなことを習ったのか、壊れた望遠鏡を覗いているように、ぼんやりとして、覚えていない。「学校」というと、今でも「黄金の粉」の舞う景色ばかり、鮮やかに浮かんで来る。

「趣味が読書」とは、なんて間抜けなんだろう、と思っていた。活字の一字を追う毎に秒針は進む。頁を一枚くる毎に日差しは変わる。長編なんかにのめり込んで、うっかり季節をひとつ忘れたりしたら、取り返しのきかない大損だ。恐ろしく勿体ない。混んだ電車の中で文庫本を読むウカツ者め。車窓の外を見たらどうだ。線路っ端にコスモスがあんなに咲き乱れているじゃないか。

今でも、ボールが好きだ。木陰も牛乳もクリームパンも好きだ。もちろんコスモスも良い。でも、下足箱へ入れそこなったラブレターをいつまでも持ち歩いているような（そして、シワクチャになっているそれをヒョイと人に見られてしまったような）、喉元のチリチリする恥ずかしさを堪えて白状してしまえば、このごろ、読書もそれほど悪くはないな、という気がしている。活字を追って、頁をくって、時間を忘れることは、やっぱり、間抜けでムダだと思うけれど、間抜けなことがとても気持ち良かったり、ムダなことが実はものすごく贅沢なことだったりすることも、たしかに、ある、のだ。ウカツ者であることのしあわせも、たしかに、ある、のだ。

桜の頃、京伝の『傾城買《けいせいがい》四十八手』に出会ってしまった。のめり込んだ。

［女郎］ヲヤてめへ、ゆびをどふした。［かぶろ］宵に中の町で、犬にくつつかれん

したヨ。［女郎］それみや。いはねへ事かよ。コレヨ、それにこりて、モウ犬や何かと心やすくしめへヨ。（トあどけなくしかる。）［ムスコ］（わらつて居る。）［かぶろ］（うつむいて居る。）［女郎］コレサこれをしまつての、そして着かへて、モウやすみや。（トくしかうがいをぬき、みす紙へつつみ、わたす。）［かぶろ］アイそんならお休みなさりィし。（ト立ゆくひやうし、立かけ有し琴へ袖がさわつて、）〽コロリンシヤン（トなる。）［女郎］しづかにしやヨ。（ト枕元へたばこぼん引よせ、たばこすい付ける。ぱつと火たつ。そのあかりにて、むすこのかほをつくづくと見て、みぬふりし、じぶんが一ッぷくのみ、又すいつけて、むすこにやる。）……。

一字一字を惜しむように、時間が止まるのを祈るように頁をくった。次々と洒落本を読んだ。何編か読んで、再び『傾城買四十八手』を読みたくなった。ふと、気が付くと、桜はとうに終わっていた。外界の満開の景色を見損なったのは、いかにもウカツだったけれど、本の中では人間模様が満開で、目が合う途端、人なつこい笑顔で微笑みかけたりなどするものだから、仕方ないじゃないか。本の中で、しかも、二百年も前の本の中で、気の合う仲間に会ってしまうとは思わなかった。驚いた。頁の向こう側には、黄金色の粉が舞っているのがハレーション気味に見えた。（「図書」一九八八）

無能の人々

な～んにもしないでゴロゴロしていたいね。欲しい物とくにないし、人付き合い面倒だし、喧嘩ヤだし、いじめられたくもないし、曖昧に笑って、人生暇潰し、適当に宜候《ようそろ》、やり過ごせたら、いいのにね。

（ハイ、同感デス。デモ、ソンナ事言ッタラ叱ラレル世ノ中デス）

無能の人は泰平の逸民です。

上下引っ繰り返る、大掃除の動乱の世には、どこかに取り紛れて見失っているもの の、世の中が静まり落ち着いて来ると、いつの間にか、隅っこの方に溜まっている、泰平のホコリとも言えます。

豆腐のオカラとか、野菜のセンイ、或は、蕎麦湯にも似ています。社会の中の必要悪、などという気障なものじゃなく、精製の過程で出て来ちゃったというような、泰平の副産物で、本来なら、無造作にペッと捨てられちゃっても文句の言えない立場なのだけれど、どういう風の吹き回しか、世間には可愛がってくれる人もある、そんなイメージが浮かびます。

私達は、敗戦後、せいぜい四十年そこらの泰平しか経験していませんが、江戸時代の泰平は、その六倍を越える、二百六十年ですから、当然その分、カスの出た量も多かったようです。蕎麦よりも蕎麦湯が愉しみな身には、江戸の、その、湯筒たっぷりの振る舞いに、思わず頰が緩みます。

カスのケッ作に、うの花、ファイブ・ミニなどがありますが、江戸の大量のカスは「粋《いき》」という、ヒット作を残しています。

粋は低出力の美学です。白粉を塗り、美服をまとい、宝石をちりばめる、バリバリにリキの入った、ガスイーターのキャデラック型満艦飾ではなくて、磨きあげた素顔に、渋好みの極致黒仕立て、ツール・ド・フランスのチャリンコ型美学です。その辺のゼロハンより役に立たなくても、かかるゼニコはベラボーです。実用外の贅沢、すなわち、「無用の贅」こそが、粋の本質です。

無用の贅。日常生活に少しも必要ではない暇潰しと、何の役にも立たない座興に溺れてひたすら消費する、これが、粋な人の生き方です。

その人生は、至上の無意味、究極の無目的に彩られる事となります。つまり、誰かの為になる、世間にうける等の「タメウケ」を一切排除した処にある、混じりっ気なしの、ピュアな虚無性です。

最も簡単な実践例は、金を湯水の様に使う、無駄な事に財を捨てる、いわゆる放蕩散財です。

落語の「愛宕山」では、浪速のお大尽が、京の愛宕山で、かわらけ投げ（素焼きの皿を、崖っ淵から谷間目指してフリスビーのように投げる余興）を、小判で投げて楽しんでいますが、あれは、多分に、同行した芸者衆や幇間《ほうかん》を意識した、ウケ狙いのパフォーマンスと見受けられます。やはり、そこはそれ、『世間胸算用』や『日本永代蔵』を著した西鶴を生んだ、上方なればこその、粋の限界点なのだろうと思います。

対する江戸前では、遊女の他愛ない嘘に、コロリと騙されて、金を巻き上げられ、果ては世間から同情の余地もなく、裸一貫乞食になるのが、上出来の、放蕩散財となります。

平和に慣れ切った人々は、幸福なボケの状態で、日々、酔生夢死、羽化しないサナギの夢に似た、恍惚を味わっていたのではないでしょうか。能天気に営々と続く泰平楽の祭りに浮かれ、ついに生の悩みから解き放たれた訳ですが、或は彼らは、生きる事に伴う痛みを意識しない程、死というものを、日常の内に取り込んでしまったように思われます。泰平の逸民とは、半分生きながら死んでいる、「カッポレを踊る死体の群」であったのかも知れません。

たぶん、こんな馬鹿げた世のアイドルは、生と死のテンションの高すぎる、忠義の武士でも、ドラマチックな愛欲に身を滅ぼす男女の心中でもなく、無意味に人生を棒に振る道楽息子でなければならなかったのでしょう。

道楽息子。自ら額に汗して糧を得る事を知らない、生涯が純粋消費の、天性の放蕩者（非生産者）。彼らも又、無能の人です。

甲斐性なし、という呼称があります。労働せず収入源のない人、自分以外の口を養えない低所得者をも含めて、そう呼ばれます。やはり、無能の人です。対する、甲斐性のある、有能の人とは、社会的に役に立ち、会社的に使える、立身出世の生産者を指します。甲斐性なしは、モノの生産に携わらない、社会に貢献度の少ない、会社に属さない、臥身遁世の非生産者だと言えるでしょう。その彼らが、多く、風流に携わりました。

居を定めず、諸国を彷徨《さまよ》う遊行の俳人は、その代表サンプルです。風流とは、風の流るる、何も身に留まらない、滞らない状態で、かたびらにわらじがけといった、殆ど死装束のようないでたちが、無能に生きる覚悟を象徴しています。少しでも留どめようとすれば蓄財となり、滞れば執着を生じ、欲や見栄に囚われて、無風流、野暮となります。即ち、この世の経済は、野暮が動かしているのであって、風流な経営者などありえない事になります。風流なリッチマンとして世間に名の知れた人は、大枚はたいて「風流のバーチャル・リアリティー」を導入しただけであり、果てしなく、虚構の風流です。


余生、と言うと、世に何事かを成し、名を遂げた後の、余りの生、の認識が一般ですが、それは、経済偏重による視点です。

生まれ落ちた時から以降、死ぬまでの間の時間が、すべて余生であり、生まれた瞬間から、誰もがもれなく死出への旅に参加している訳です。こんな分かり切った事も、はからずも甲斐性あって蓄財し執着すると、少しでも長く生へ留まりたい気持ちになって、富と名声を奪い去る死を、理不尽なものと思うようになります。すべからく経済の世、風の流れぬ里となって久しい今では、長生きと健康は、何にも優先するのが社会の常識となっています。

生まれた以上は、老いも病も死も、席に着けば順繰りに出て来る、おまかせコース・メニューで、以前はただ、もくもくと食せば良かったのですが、近頃は、うまいだのまずいだのあまいだのからいだの、何か一言いわなければ、恰好が悪いような気になっています。揚げ句、メイン・ディッシュを三皿ほしい、デザートはふんだんに、にんじんとピーマンは入れないでと、「おまかせ」の書き換えさえ要求します。そんな我がままを言う位なら、初めからこのレストランに入らなきゃ良い、生まれて来なけりゃ良かったのに、と思います。「いつまでも若々しく健康で、より良い人生を長く生きよう」という思想は、少なくとも、放蕩の人、風流の人にはなかった筈です。「年相応に老け衰えつつ、それなりの人生を死ぬまで生きる」という当り前の事が、遠くなりました。

無能の人々の目を通して、私達は束の間、なつかしい等身大の自分の「余生」に、きっと対面する事が出来るでしょう。

（「ガロ」一九九一・十二）

江戸の色

江戸で「色」というと、色彩以外を指すことが多い。洒落本、滑稽本などの、大衆小説では、情人を「色」と呼ぶ。好色、色欲、色事、色気、色町、すべて、男女の関係に通じる。

色、恋、愛。

この中で、愛が最も尊い気がするのは、明治以降、神仏の慈悲心を「愛」と訳してから。江戸のころは、愛とは、「物」に対する執着を云い、「壺を愛する」「人形を愛する」など、所有者側の物への、一方的な束縛を示していた。単なる、強引強欲だ。

恋には、純真なイメージがあるが、これも青春の流行歌が全国的に普及してから。江戸では、「恋の闇」と云い、盲目的に想いを遂げたくて突進すること。八百屋お七が「恋」の見本だ。恋は、思春期の麻疹のようなもので、動物のサカリと同様の、生殖衝動だ。

残る、色。今では、恋愛よりも格下の、遊びに近い分野に入れられて、昼の話題ではないとされている。が、江戸では、前二者よりも上級だった。愛や恋は、力ずくや勢いで獲得できるが、色には駆け引きが必要だ。巧妙な心理戦であり、一筋縄ではいかない。

ランク付すれば、愛は、他人に横取りされるぐらいなら、壊してしまうタイプで、男女間に置き換えれば、最低。恋は、発展途上。生殖が完了すると急速に冷めてしまうので要注意。色は、人情の機微を知ってこそ楽しめる、卒業のない生涯学習といえる。

「色はその日の出来心」。色にはマニュアルは存在しない。臨機応変、不特定多数。互いに充実した時を過ごすためには、目の前の相手を敬い、赦す、心のゆとりがなくてはならない。色には、愛の束縛願望も、恋の生殖達成もない。愛や恋は、会えない時にも相手を常に想っているが、色は、会えない時は電源オフにして、とりあえず自分の時間を優先する。二十四時間、相手とケータイで繋がっていなくては不安なうちは、とうてい無理な課題。

「色っぽい」は、江戸では最高の誉め言葉だ。「オイロケ」だとフェロモンむんむんの軽薄な感じだが、本来の「色気」には、容貌だけではない、言動などの内面的な魅力が不可欠だからだ。

色気のない人生は、モノクロの世界だ。出会いと別れを重ねるにつれ、若いころ、接写だった視野が、だんだん広角になり、画素も増えて鮮明になり、隅々まで色や輪郭がはっきりしてくる。

いろいろ、難しいけれど、どうせなら色っぽく生きよう。


（「プリズム」二〇〇三・十）

江戸・遊里の粋と野暮

江戸暮らしのルールは今とだいぶ違います。まず、初対面の人に問うてはならない三つのことがあります。というのは、江戸はいわゆる寄り合い所帯、つまり、全国各地からいろんな人が集まって住む多国籍都市です。そこで、どんな人でも受け入れられるという柔軟さが求められたのです。そのルールの一つが、生国《しょうごく》は問わない。つまり、杉浦日向子、東京都出身。これを聞いてはいけない。見たままでいいんです。あいつ、東北出身じゃないかな？　いや、栃木の方に近いんじゃないかな、という想像は勝手ですが、生国はいきなり問うてはならない。

二番目は、年齢を聞いてはいけない。先ほど、ちゃんと一九五八年生まれと言われました。その通りですが、それも見たままでいいんです。年上に見えたら、そのように扱えばいいし、年下に見えたら、それなりに扱えばいい。

最後の三つ目は、過去と家族、つまり来歴を問うてはならない。国元におっかさんを残して来たとか、子どもはいるの、結婚はしてるの、といったことを詮索してはいけないんです。とにかく、今、目の前にいる一人の人物として扱うことからスタートしなさい、履歴は何の役にも立たない。データは無視してよい。これから私たちのつき合いが始まるんだという心意気が江戸の人たちにはありました。

でも、明治新政府が樹立した時点で、そういうルールがあったことは忘れ去られていきました。人々にとってはすでに記憶の彼方になってしまいましたが、まあ、皆さんに江戸っていう時代はこんな雰囲気なのかなという印象が残れば幸いです。

いきなり本題に入る前に、枕、いわゆる前説として、〝お米〟の話をいたしましょう。今、大阪でAPECが開かれておりますが、農産物の自由化について日本政府が唯一渋っているのが、米です。私たち日本人は、長い間、お米を特別な作物として扱ってまいりました。特に江戸時代は、皆さんもご存じの通り、米はただの食物ではなく、現金として通用したわけです。たとえば、三十石取りの侍と言われたように、武士の給料は米で支払われました。玄米でしたが、何石取り、何俵取り、などと武士の地位や身分がお米の量で表されました。そして食べる分以外のお米を両替、つまり現金に換金して、生活していました。米が現金として通用した私たちの国では、米はシンボリックな、特別な物であったのです。

武士の給料設定がまた面白いもので、給料は関ヶ原の戦いのときに先祖が徳川方にどれくらい貢献したかの評価額といえます。それ以降、その家の禄高は固定されています。ですから江戸時代二百六十四年間、ベース・アップ、ゼロ。物価はどんどん上がっても、お給料は元のまま。でも武士だって出世はある、とお思いでしょうが、武士の総数の増減はほとんどなく、また武士に支払われる米の石高も全体枠があるので、上位の武士が何かでしくじるとかで、そのポストが空かないと出世ができない仕組みになっていました。つまり、閉じられたなかでやりくりするわけですから、穏健な人は生涯そのポジションのままでいくしかない。つまり武士階級というのは、確実に年々貧乏になっていく階層なんです。そんな状態でも、武士たちの不満は戦争という形にまではなりませんでした。

戦争がないということは、領地を獲得するチャンスがないことを意味します。そこで、三代家光あたりまでは、幕府の隠密を諸藩に放ち、大名の欠点を見つけては、通知表を付けた。たとえば、あの藩は内部がもめているから潰してしまおうという具合に、何か短所を見つけては、お取り潰しの材料にして天領を増やしたわけです。こうして、少しは貯蓄を増やしたものの、もう潰すところがなくなってしまった。大名の方だって、おめおめ足元をすくわれたり、ハメられてばかりいられませんから、知恵もついてガードも固くなります。他から奪って財源を増す方法が、通用しなくなってしまった。財源が増す見込みがもはやない。そこで行われたのが、享保の改革でした。

ＮＨＫの大河ドラマで、「八代将軍吉宗」が好評でしたが、彼は、関ヶ原の戦い後百年の時代の将軍です。私たちは今、戦後五十年ですが、その二倍の長さの平和な時代が続いていた。その百年間続いた泰平の世に吉宗が登場して、大岡越前守と手を携えて享保の改革をしたのです。はじめての政治改革、この政治改革はどちらかと言うと財政改革なんですが、それを行った。

改革と言うと、世の中が明るく活気づくイメージがあります。特に庶民層に厚い世直しかな、と一瞬思いがちですが、それは嘘です。騙されてはいけません。お上の言うことは、みな嘘です。今でもそうかもしれませんね。

では、この享保の改革はどういうものだったのか。まず、物価を下げなさい。これはいいでしょう。それから、新製品、新規に物をつくってはいけない。とにかく、消費意欲の減退、消費を縮小させようということなんです。ぜいたくな物を着てはいけないとか、おいしい物や高価な初ものを食べてはいけないなど、生活の細部にまで立ち入った規制だったのです。取り締まりの対象には、かいわれ大根なんて物も含まれていました。かいわれ大根は季節はずれになればこその珍味で、炭火をおこし、温室栽培でぜいたくにつくっていたので、そんなものはけしからんと、真っ先に取り締まられたのです。それから、浮かれ遊んではいけない。悪いところに入り浸ってはいけない。悪いところとは何ぞや？　これは、芝居小屋と遊廓です。みんなの大好きなところは全部、お上からみると悪いところなんです。とにかく風俗を矯正することがメインでした。

なかでも、この改革でいちばん力を注いだのは、米相場に介入して米の価格を高値安定させることでした。なぜかと言うと、給料が上がらないけれど、米の相場が上がれば、それだけベース・アップしたことになるからです。そして、巷の物価をぐっと抑えつけると、武士の生活だけが楽になるというカラクリだったのです。

その後、寛政の改革が、松平定信の時代にありました。その次が、天保の改革で、これは、老中・水野忠邦とあの遠山の金さんの二人が中心になって行いました。二百六十年間に大きな改革はこれら三つだけでしたが、三つだけというのは、結構優秀だったなぁ。まあチープ・ガバメントだったけれど、それなりに何とかやりくりしていたんではないかなと、どちらかと言えばほめてあげたいような気がします。

こういう意味からも、米は長い間私たち日本人にとって特別な作物だったわけです。ところで、米という字は八十八と書きます。八十八歳になると米寿のお祝いをします。八十八とは、お百姓さんが八十八の手間をかけて丹誠込めてつくるのだから、一粒たりとも粗末にしてはいけない。昔は、お嫁さんが米を研いで、流しに二、三粒でも落ちていると、お姑さんからそういうふうに諭されたという話がエピソードとして残っておりますが、かつては、この八十八という言葉にはもう一つの意味がありました。

それは、八十八の手間の他に八十八の利用法があるということです。つまり、米には捨てる部分がないというわけです。もちろん、中身の米は食べて、稲藁《いなわら》は、草鞋《わらじ》、敷物、俵、縄にする。屑藁は燃料にしたり、壁の苆《すき》という、壁土にまぜ込む補強材としました。燃やした後の藁灰も優れた肥料になる。脱穀した後の籾殻《もみがら》は、瀬戸物などの割れ物の運搬時のパッキンにする。これも燃料になり、その灰も肥料として役立ちます。灰は肥料以外にも、酒造、染色、釉薬《ゆうやく》、製紙、洗剤など、さまざまな分野に活用されました。それから、糠。これは、ポピュラーですね。まず、漬物にする、お風呂で使う糠袋、といった具合に、米はとにかく八十八ほど、たくさんの用途があった生活を支える資源だったのです。

今は、これら米の副産物を加工するのに、コストや手間がかかるというので、単なるゴミとして捨てることのほうが多いのです。食文化とは、食物に対する感謝の念、つまり無駄なく使い切ることから生まれる知恵です。その観点からみれば、現代の食文化は退化していると言わざるを得ません。

　だんだん本題から遠のいているようで、実は近づいているんですよ。米の話題が出たところで、ここで〝ごはん〟についても触れておきましょう。ごはんとは、いったいどういう状態のお米なんでしょうか。ごはんというのは、実は、たった一つの状態のお米を指す言葉にすぎなかったんですよ、江戸時代には。これは、銀シャリ、つまり、真っ白なお米を炊いた、炊きたてのものを指すのです。何たって、ごはん、御という字がつく飯なんて、そうざらにあるもんじゃない。白い、炊きたての、湯気のたつものだけが〝ごはん〟なんです。

　今でもお母さんが、外で遊んでいるお子さんを、「ごはんですよ！」と呼びますが、あれは、本来、百二十年ほど前の東京、つまり江戸の地方言語、方言でした。明治以降全国で使われるようになりましたが、江戸のころは、江戸特有の言いまわしでした。なぜなら、江戸の人々は将軍様の膝元というおごりがあってか、長屋の住人に至るまで白米を常食していました。当時の日本全体では、玄米食が主流でしたし、あとは雑穀を混ぜて炊き込んでいました。ですから、銀シャリを朝晩食べられたのは、江戸の繁華で、江戸の百二十万都市という栄えがあればこその特権でした。つまり、〝白いごはんイコール食事〟とは、江戸住まいの豊かさの象徴だったのですね。

では、他の人々は、〝ごはん〟じゃなくて、何を食べていたのかと言うと、〝めし〟です。〝めしイコール食事〟です。だから、ちょっとした食事処を〝めし屋〟と言います。けっして〝ごはん屋〟とは言いません。真っ白な炊きたてがごはんですから、〝松茸ごはん〟〝栗ごはん〟という言い方はしません。〝松茸めし〟〝栗めし〟〝かきめし〟〝いかめし〟〝五目めし〟と言います。さらに、銀シャリも冷めれば、ごはんから降格して冷《ひや》めしになります。こんなこと覚えていても、あまり自慢にはなりませんが、めしとごはんの区別があるというのも米文化なのです。

ついでに、おにぎりとおむすびも別のものです。形も違います。どちらかと言えば、おにぎりは男言葉で、おむすびは女房言葉です。まあ、男性は〝おにぎり〟と言うより、〝にぎりめし〟でしょう。おにぎりというのは、手を握った形。俵形か、平べったくてもいいんですが、丸に近い形のものです。おむすびというのは、たとえば、文を結ぶときの結び方、おみくじなんかを木に結えつけるときのあの結び方で、あの結び目の中心の三角の形ですね。ですから童話の「おむすびコロリン……」にはなりません。三角ではコロコロころがりませんね。あれは「おにぎりコロリン……」が正確なのです。

ところで、〃粋《いき》〃という字には、米という字がついていますよね。ここで、この〃粋《いき》〃の字解きをしてみます。さきほど、〃米〃は八十八と書くと申しました。粋の字は左側が八十八、右側が九十でできていますが、中に隠し言葉があります。これは、江戸の人が後からこじつけたもので正論ではありません。言葉遊びが好きな江戸っ子たちが、勝手にこじつけたものですから、真剣にお聞きにならないでください。八十八と九十の間に何がある？ 八十九ですね。では、それを何と読むか？ 八十八は〃米〃、八十九は〃ヤットクウ〃、九十は卒業の卒、つまり「米をやっと食う段階から脱する、すなわち、食うや食わずの生活から脱してゆとりのある状態にならないと、粋《いき》な遊びはできないよ」という意味だと彼らはこじつけたんです。

つまり、生活プラスアルファ、そのプラスアルファの部分が〃粋《いき》〃なんです。これがなくてもお腹は減らない部分ですね。これを知らずに一生を過ごしても、お腹は減らないし、暮らしに困るようなこともないというものが、すなわち、〃粋《いき》〃なんです。では、これはどんなところで生まれた価値観かと言えば、まず暮らし、つまり家庭の中にはないものです。ですから、粋《いき》な家庭だね、粋《いき》な家族だね、というのはありえませんo家庭、家族というのは、暮らしの場ですから、そういうところでは粋《いき》は育まれない。では、どんなところで育まれるのか？　つまり、旦那さんから見れば、妾宅、お妾さんの家です。それから悪所、つまり、芝居小屋、遊廓といったところで、そういうところで育まれた異色の価値観なんです。生活からいちばん遠いところにあるものです。粋《いき》で生計を立てようというのは、まず無理です。粋《いき》は浪費によって得られるもので、収入の手段にはけっしてなりません。

こういう粋《いき》という美学が江戸に発生した誘因に、遊里の存在があります。まず、吉原。ここは、日本一、当時なら、世界一の規模だった。当時の江戸は百万から百二十万の人口があり、同時代のパリやロンドンの倍以上、つまり、世界最大のメトロポリスだった。吉原は遊女三千人の町、全国から選りすぐりの美女が三千人、あの廓《くるわ》の中にいたのです。

それから岡場所がありました。岡場所の岡は、岡っ引きや岡目《おかめ》八目《はちもく》の岡で、〝ほか〟、つまり、正統ではない、脇のところという意味で、〝岡惚れ〟とか言いますね、あれです。まず、新宿、それから、品川、深川、千住、板橋の五つがありました。他にも小規模の、私娼の類は、市中至るところに無数にありました。風俗的な場所としては、出合い茶屋。茶屋と言ってもお茶を飲むところではなくて、今で言うラブホテルのことです。人目を忍ぶ逢引などに手軽に利用されました。有名なところでは、上野の池之端周辺にずらーっと軒を並べて、いつも若いカップルで満杯だったとか。そういった部屋の障子をカラッと開けると、前が池ですから、女の子が、「あれ、スッポンが見ていやんすよ」などと言いながら、甘いひととときを過ごしていたんでしょうか。このように、江戸というところは粋《いき》の土壌としては、非常に肥沃で、日夜、色恋の生まれ育たぬはずがないというくらい、よく肥えていたのです。

主に遊里の遊びを活写しつくしたのが洒落本です。遊里文学とも言われて、それを読むと、当時の吉原や遊里がどういうものだったか、どんな遊び方をしていたのかがつぶさにわかるようになっています。洒落本は渋柿色の表紙がついていて、半紙を四分の一に折ったくらいの小さな本です。懐中にすっと入る大きさで、表紙の色から〝茶表紙〟とも呼ばれていました。

この〝茶〟というのも結構くせものです。〝茶の笑い〟というのがあります。その〝茶の笑い〟とは何ぞや？　お茶目の〝茶〟に似ています。何かスッコーンと抜けたような、馬鹿馬鹿しい笑いを〝茶の笑い〟と言います。たとえば、外野手同士がお見合いをして、ボールが見事に落ちちゃったときとか、ピッチャーが思いきり振りかぶって、野茂のようなトルネードを気取ったとたん、ボールがすべったとか、思ってもみなかったことが起こったという作為のない笑いを、〝茶の笑い〟と言います。ですから、茶表紙には、そういうストンとした、素っとぼけた笑いが書かれている本だよ、という意味もあるのです。

茶の笑いは、江戸の人たちがいちばん好きな笑いです。草双紙《くさぞうし》は、洒落本、滑稽本、黄表紙といった江戸の戯作本の総称です。それを支持した江戸時代の人々は、なべて草双紙は茶なるをもって尊しとする、草双紙の理屈くささと味噌の味噌くささを嫌う、と言ったものです。あっさりとした茶の笑いを遊廓の中にも求められていました。

洒落本の〝洒落〟は、もとは、日田の〝日〟の右側に西の字、つまり〝晒〟という字を使っていました。この意味は、〝晒落〟とは晒《さら》し落ちる、すなわち〝しゃれこうべ〟であり、また〝雨ざらしのキサゴ〟を示しています。キサゴは三角の小さな巻貝で、雨どいの下の水が落ちてくるところに並べておくとハネが少ないというので、そういうところに置いたものですが、野ざらしのしゃれこうべも雨ざらしのキサゴも真っ白くなって、カラカラになっている、そういう状態を表している言葉なんです。つまり、ギラギラしていない、がむしゃらではない、脂ぎっていないわけです。

しゃれこうべも、雨ざらしのキサゴも、末枯《すが》れたもので、欲得や功名心から離れたおかしみなのです。そういうおかしみをあえて尊んだのが、晒落、そして洒落の美学なんです。このおかしみの要素に近いものに風流があります。この風が流れるという感覚も、江戸の人たちは大切にしました。たとえばちょこっと穴をうがつような遊び心、閉まった障子に指でツンと穴を開けるようなあの感覚。障子をさっと開けてしまっては風流にならないのです。指先を湿らせて開けた障子の穴から覗き見る瞬間、外気がほのかに流れ込んでくるのが風流な一瞬なのです。結構、微妙で繊細な感覚なんですね。

そしてシャレ。普通のサンズイの方で書く〝洒落〟で、当世、今の世でいちばん新しいものということです。つまり、去年の洒落というものはない。今の洒落しかないわけです。

これら「茶の笑い」「晒す（末枯れ）」「風流」「洒落る」が、草双紙の不可欠要素でした。草双紙は、通と無駄の文学と言われます。無駄というのは、必要のないものという意味ではなく、ナンセンスというニュアンスです。つまり、実用的とか教訓調ではないんです。ハハハ……と笑いのめして過ぎ去ってしまう風のようなものです。それから、〝通〟。「あの人は通だねえ」という漠然とした言いまわしから、〝銀座通〟〝紅茶通〟〝コーヒー通〟といったような、その道の達人へ冠するものまでいろいろあります。つまり、ウンチクがあるとか、一家言持っている、場数を踏んでいる、選別眼がある。いわゆる〝目利き〟。「ああ、これはいい茶碗だね」なんて言う人を第三者が〝通〟と認めるのであって、自称の通は半可通と言います。

そして通ととても似ているものに、〝粋《すい》〟があります。〝粋《いき》〟と同じ字を書きますが、同じ字なのに、読み方が違うばかりでなく、中身も全く違います。元々この字には〝すい〟という読み方しかありませんでした。これはピュアなこと、まじりっ気のないことを意味します。江戸時代の中期以降、江戸に芽生えた美意識、「意気」「活き」「好風《いき》」にすいに似た価値観を見出し、粋《すい》にいきという音を付けたとも言います。粋《すい》と言えばよく〝生粋《きっすい》〟なんて言いますね。『江戸前生粋ビール』なんてのが、先ごろ発売されましたが、〝生粋〟とは、上方生まれの言葉です。純粋で、まじりっ気がないことを意味する同様な言いまわしは、江戸では、〝正しく真《まこと》〟と書いて〝正真《しょうじん》〟が妥当でしょう。『江戸前正真生ビール』なら正確ですが、硬派すぎる響きかもしれません。

さて、いよいよ本題の〝粋《すい》〟と〝粋《いき》〟の違いについてお話ししましょう。まず、視覚的な面から見てみましょう。生まれも育ちも関西という多田道太郎先生が九鬼周造の名著『「いき」の構造』に書かれたあとがきの中で、〝粋《すい》〟について述べておられます。「粋《すい》な柄」「粋《すい》な色」というのがある。上方で〝粋《すい》〟とは、たとえば赤、白のようにはっきりした、感覚的に鮮やかな、という意味である、と。ところが、江戸で言う「粋《いき》な色・柄」は、渋味を基調として、格子、縞、小紋などがいわゆる「粋《いき》な柄」となります。京友禅のような豪華な物や凝った模様や派手な色合いの物は江戸っ子の好みではなかったようで、「粋《いき》な色」とは、黒にとどめを刺します。〝通人の黒づくし〟と言って、通人を気取る人が遊廓に通うときには、上から下までゾロッとした黒い衣装を着ました。これは、通人の制服のように定着したいでたちでした。地味な色柄の何処に凝るかと言うと、たとえば、羽織は羽二重《はぶたえ》で、着物は縮緬《ちりめん》、下着は紬。色は全部黒ですが、おのおのの素材で質感を変えることによってオシャレをするのです。非常にディティールに凝ったオシャレです。そして、黒の次に好まれたのが、雀《すずめ》の羽色。雀を思い浮かべて、その羽のすべての色を思い出してください。黒、茶色、白、グレー、ベージュといったモノトーン感覚が江戸好みなのですね。

それに対して、京都などでは、〝京の錦〟と言いまして、絢爛たる友禅染であり、西陣織であった。大坂の三彩、三つの彩りとは、歌舞伎の定式幕《じょうしきまく》の色です。黒に柿渋、常盤緑《ときわみどり》、このわずか三色で、あれほどの豪華さ、重厚さを演出している。これは、大坂人の合理性のなせる業であり、才覚だということです。江戸人は、最もシンプルな黒を選びました。

〝粋《すい》〟には、上品《じょうほん》を求められます。上品とは浮世離れをした状態、たとえば、深窓の令嬢が世情に疎かったり、毎日自家用車で学校へ送り迎えさせるお金持ちの子どもが、電車の切符の買い方を知らないといったことも上品です。また、端正に整っていることも、上品の要素です。

ところが、〝粋《いき》〟は、下品《げぼん》――〝げひん〟と読んではいけません――なんです。その間には、中品《ちゅうぼん》がありますが、これは中庸と同じで、極く普通、平凡という意味です。〝粋《いき》〟の下品とは、ちょっと変わっているというニュアンスで、たとえば、少し歪んでいる茶碗、見たことのない焼色の焼き物などが下品に当たります。つまりひねり技が入ってきます。

また、〝粋《すい》〟の反対語は、〝無粋《ぶすい》〟です。〝通〟の反対語は〝不通《すい》〟です。でも〝粋《いき》〟の反対語は、〝無粋《ぶいき》〟とは言いません。では〝野暮《やぼ》〟か？　これが、またちょっと違うんですね。「野暮はもまれて粋《いき》になる」という言葉があります。〝野暮〟はまだ〝粋《いき》〟の芽が出ない状態を指します。うまく芽が出て、花が咲けば、〝粋《いき》〟になる可能性が秘められているので、〝粋《すい》〟と〝無粋《ぶすい》〟のように、真っ向から対立する関係ではありません。〝野暮〟は、〝粋《いき》〟の原石でもあり、そこが〝粋《いき》〟の反対語とは言えない理由なんです。「野暮はもまれて粋《いき》となる」とは、たとえば、何度も水をくぐった紬が艶としなやかさを増すような、また、「鰯も百回洗えば、鯛の味」に通じる美意識でしょうね。鯛は、食べて確かにおいしいんですが、そのまんまの鯛は興なき物、つまり、面白味に欠ける。こういう価値観こそがすなわち〝粋《いき》〟と言えるでしょう。

この二つの最下位ランク、つまりどこにも属せない、反対にもなれない、もう救いようがないのが〝気障《きざ》〟――〝気ざわり〟です。今、〝キザ〟と言うと、二枚目の役者が格好いいセリフ、殺し文句をキメたときなど、「キザだなぁ！」とか言って、マイナスのイメージというより、ちょっと冷やかす感じですが、この〝気障り〟と書く〝気障〟は、完全に見限られています。少々汚い表現ですが、こういった〝気障な奴〟を江戸っ子は「柄《え》のない肥柄杓《こえびしゃく》で手のつけようがない」と嘲笑いました。〝気障〟は、自分が気障であることに気づいていないからなのです。気づいていれば、直しようもありますが、他人に不快感を与えている事実に気づかないので、どうしようもない。あんな奴とは、友だちになりたくないと避けられていることにすら気づかない。〝気障〟自身は、通であり、粋《いき》であるつもりでいるから、可哀想に、そこから抜けられない。いわゆる〝気障地獄〟に陥ってしまうんです。

〝粋《すい》〟のほうには恋がきます。恋とは粋《すい》なものでした。「恋の闇」なんて言って、恋は一途に身を焦がして、思いつめる。つまり、「恋の闇」、本気になることです。〝粋《すい》〟のピュアの意味にぴったりですね。また、〝粋《すい》〟は〝好いたらしい〟の〝すい〟、好きという意味にも通じます。

ところが、〝粋《いき》〟というときには、色、色事の色が来ます。「恋の闇」に対して、「色は、その日の出来心」。恋の本気に対し、浮気心のおもしろさ。恋の方は透きとおっていて、ピュアで、好感が持たれますが、〝粋《いき》〟の色には独特のアクがあります。毒とさえ言っても構いません。それゆえ、どうしようもなくその虜になってしまう人もいますが、そんなのは不道徳という人もいます。お酒や、タバコに害毒があっても絶ちがたい。色もお酒やタバコに似ています。恋はピュアなもので、潤いの水、それも深井戸の清水といったところでしょう。〝粋《すい》〟は水の〝すい〟にも通じ、〝粋《すい》〟と〝粋《いき》〟の違いは、水と酒、どちらにせよ過ぎれば溺れるということです。そして、アク、毒の〝粋《いき》〟は、〝異なる気配〟の〝異気〟という当て字もできます。

粋《すい》と粋《いき》は遊び方も異なります。粋《すい》は多芸多才。いろんなことを知り学び、さまざまな芸事を習い覚えているといったように、持ち駒がたくさんあるのが〝粋《すい》な遊び〟です。一方、〝粋《いき》な遊び〟は、隠し玉があることです。それをあたかも持っているように見せかけて――一生出さなくてもいいんです――とにかく、「隠し玉があるぞ」っていう気概を持つことが大事なんです。

さらにこの〝粋《いき》〟は「俺は粋《いき》だろう」と自己申告できません。あくまで他人、第三者が評価するものです。また、本人を目の前にして「あんたは粋《いき》だねぇ」という使い方もしません。これは、残り香と言いましょうか、本人がいなくなってからの印象なんです。客が帰った後で、ふっと「ああ、そう言えば、あの人は粋《いき》だったねぇ。粋《いき》な遊び方をしていたねぇ」と思い出されるようなもので、リアルタイムで本人に向かって言いませんでした。

〝粋《すい》〟の方は、「まあ、粋《すい》なお人やなぁ！」というように、一種のくすぐりとして、ほめ言葉として使えますが、〝粋《いき》〟は、必ず過去形で「粋《いき》だった」というのが正しい使い方です。極端な例を挙げれば、棺桶の蓋を閉めて「ジイちゃんも結構遊んでたけれど、粋《いき》だったよねぇ」と言われれば、大成功。でも、〝粋《すい》〟の方は、生きているうちにちゃんとほめてもらえます。こうしてみますと、江戸は、京や大坂に対して、いわば刹那的な文化を持っていたと言えるのかもしれません。

これで、〝粋《すい》〟と〝粋《いき》〟の大きな違いがおわかりになったかと思います。〝粋《いき》〟というのは、本気にならないことで、抑制がきいています。これを〝寸止め〟と言い、最後の一枚までは、裸にならない、つまり本心を表さない。どこかで止めている、どこかに隠し玉を持っている。惚れているのに、惚れていると言わずに、惚れた状態でいる、つまり、接近と回避をくり返すのです。

たとえば、遊女と客の関係です。切れてしまえば、金づるだから困りますが、深みにはまって心中沙汰になったら大変です。こっちは商売で男につきあってやっているんだから、せいぜい男に自惚れさせてつなぎ止めつつ、また他の男もつなぎ止めて、つまり接近と回避を続けながら遊女の年季明けを待つわけです。この接近と回避は、遊女と客の虚構の構築、つまり手練手管、客をあしらうマニュアルなんです。

その手練手管の中でいちばん有名なのは、〝心中立《しんじゅうだ》て〟です。心中といいますと、近松の作品のように男女共に死ぬことを思い浮かべるかもしれませんが、〝心中立て〟というのは、「私の心の中をお見せしますよ」、つまり、あんたのことをこんなに思っているんだ、と心の中を開いて見せることを言います。

そこで、先ほどの吉原の〝心中立て〟とは、いかなるものであったかを締めにお話ししましょう。まず第一に、起請誓紙《きしょうせいし》。誓いの言葉を紙に書き、神社に奉納します。有名なところでは、熊野牛王《くまのごおう》。そこで発行している、烏がいっぱい木版刷りされた紙三枚の裏に書いて、一枚は男に、一枚は自分に、一枚は神社に奉納します。そこに、「私とあなたはけっして切れません。二世を誓った仲です」といったことを認《したた》めて、ちょっと指を切って血判を押します。この起請を書くと、熊野では烏が一羽落ちて死ぬと言われ、徒《あだ》やおろそかにやってはいけないのですが、江戸時代の中期以降、どういうわけかご都合主義になってしまって、起請文も七十五枚までは、神仏もお許しになるという——この数字がどこから出たのかわかりませんが——とにかく、七十五枚まではOKだよという説が定着したのです。つまり遊女は、二十五人までは騙せました。

第二は、放爪《ほうそう》と言い、遊女が自分の爪をはがして、小さな桐の箱に入れ、「ほら、これが私の心だよ」と言って客に渡すのです。手の平を柱にヒモでぐるぐる巻きにして、どの爪にするかを決めて、ひと息にはがすそうですが、なかなか物騒な話ですね。

第三に、入れ黒子《ぼくろ》。これは、〝何様命〟と客の名前を二ノ腕に彫ることです。客の筆跡が最上とされました。

第四は、貫肉《かんにく》。小さな小刀を使って、お客の前に座り、自分の太腿をぐさっと突くんです。「あんたのことをこれだけ思っているんだよ」ということを見せつけるわけです。これは、元々、戦国時代の武士の間で行われていた〝衆道《しゅどう》〟、つまり同性愛の遺風で、心中立ての一つの方法だったんですけれど、吉原は、張りと意気地の、男っぽい江戸前なので、そういう衆道の習慣も入って来たのですね。

　第五は、指切り。小指の第一関節にカミソリを当て、箱枕でガンと叩くんだそうです。それをするときには、周りを屏風で取り囲み、指がどこかへすっ飛んで行かないようにして、朋輩女郎《ほうばいじょろう》、つまり仲間の女郎さんにガンとやってもらいました。これを桐の小箱に入れて、思う男に送り付けるのです。

　第六は、髪切り。これは、痛くもないので、良さそうな気がしますが、いちばん重大なものでした。髻《もとどり》のところでプッツリ切り、その髪を渡すのです。これが遊女の身にはいちばん辛かった。なぜかと言えば、髪を結えなければ、遊女の商売ができない。髪が伸びるまでの二年あるいは三年の間、〝身仕舞《みじまい》〟と言って、自分で借金を増やしていくしかありません。商売をせずに、楼主、店に借金して、じっと我慢していなければならないからです。

　でも実際、本当にこんなことをやっていたら、遊女は勤まらないし、体がいくつあってももちません。そこで、これにには全部ウラがありました。起請文は、七十五枚まで書けるんだから、これは大丈夫。放爪は、別に目の前でやらなくてもいい。ただ送り付けてやれば済むものだから、妹女郎、つまりまだ客をとらない小さな少女の小指の爪を内緒で長く伸ばさせておいて、それを切って、魚の血かなにかちょっと付けてやればいいんです。

入れ黒子《ぼくろ》は、油性の墨で描いておいて、暗い行灯《あんどん》の光で、「ほら」って見せる。それを疑って、「お前、書いたんじゃないか?」と腕をさすって、万一消えなかったら、客の面目は丸つぶれ。あげく「あんた、疑ったわね!?」って、振られちゃいます。客の方もそれが怖いから、けっしてさすったりしません。

太腿グサリの貫肉ですが、芝居用の、刀身が柄の中に入ってしまう小刀があります。そして、その柄の中に血糊が仕込んであって、刀身が入ると血糊がブシュッと飛び散る仕掛けになっています。それも江戸時代の暗い行灯の灯で見るんですから、いかにもそれらしく見えるでしょう。男性は血に弱い生き物ですから、その瞬間に顔をそむける。それでおしまいです。

指切りは、吉原に揚屋町《あげやまち》といって、商人の住んでいる通りがありますが、そこにシンコ細工のバアさんがいまして、シンコ細工で小指を本物らしくつくったといいます。それを箱に入れて、自分の指に包帯を巻いておいて、「さあ!」と上げればいい。髪切りも、普通に髪を丸めておいて、手拭いか頭巾をかぶって、髢《かもじ》を渡すんです。髢ならいくらでも手に入るものなんですから。

と言った具合に、全部が嘘、虚構です。でもこれは、顧客に対する出血大サービス、特別のパフォーマンスには違いありませんから、客としては、それをそのまま喜んで受け入れなければなりません。疑ったり、「この小指さてはシンコかヱ、無念」という江戸古川柳の句がありますが、後で無念がるような客は、所詮縁なき衆生《しゅじょう》なのです。

そして最後に、一番手にモテるのは粋《いき》な人でも、通な人でもなかったと言います。格別何ということもない、誠実な、真人間が、遊女の心を最もとらえたということです。ですから、〝粋《すい》〟だ、〝粋《いき》〟だ、〝通〟だと一生懸命になっても無駄なことなのですが、でも、その無駄が人生を面白くするんでしょう。そして、そういう馬鹿馬鹿しいところが、江戸の文化の一つでもあったんです。この無駄を喜ぶ機智こそ、二百六十年間という江戸時代の太平を支えたのだと思います。

馬鹿馬鹿しい話を長々とありがとうございました。（談）

（『自由の森で大学ごっこ2』小学館、一九九九・五）

弐　江戸のくらし

或る日の江戸地上約一尺観察

試みる人　杉浦日向子

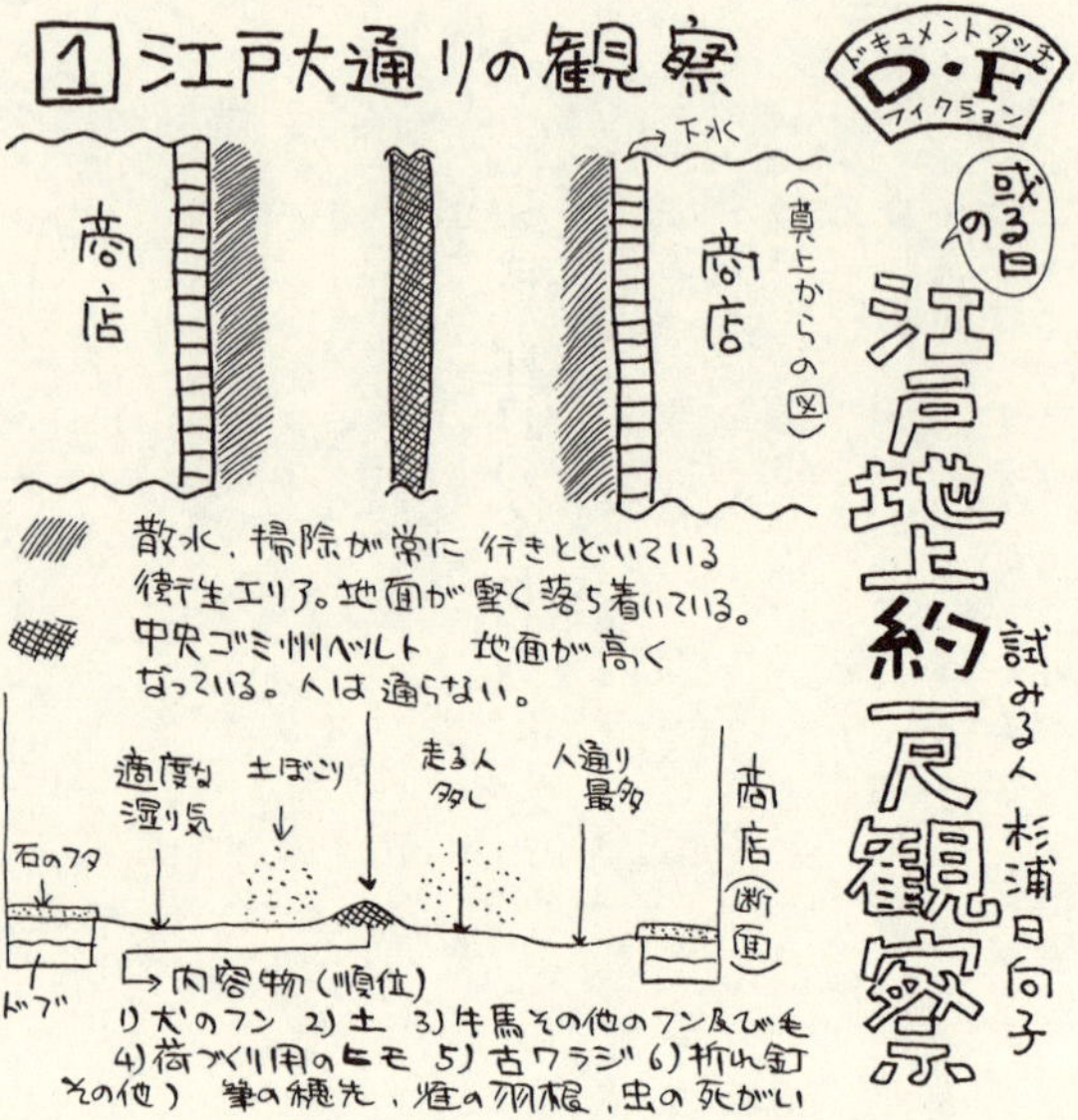

路上観察の為江戸へ行く。

地上約一尺に目標を決めたので始終下ばかり向いて歩く。おかげで今回は一度も犬の糞《くそ》を踏まなかった。「伊勢屋稲荷に犬の糞」とは江戸に多いもののたとえだ。足元に気をつかわずに歩けるのは大通りの商店の軒際だけだ。

江戸人は、流石に心得ており、もっぱらはじを通行する。時折、急ぐ奴がその外側を走る。商店は丁稚を使い絶えず店の前を掃除しているが、道のまん中は自

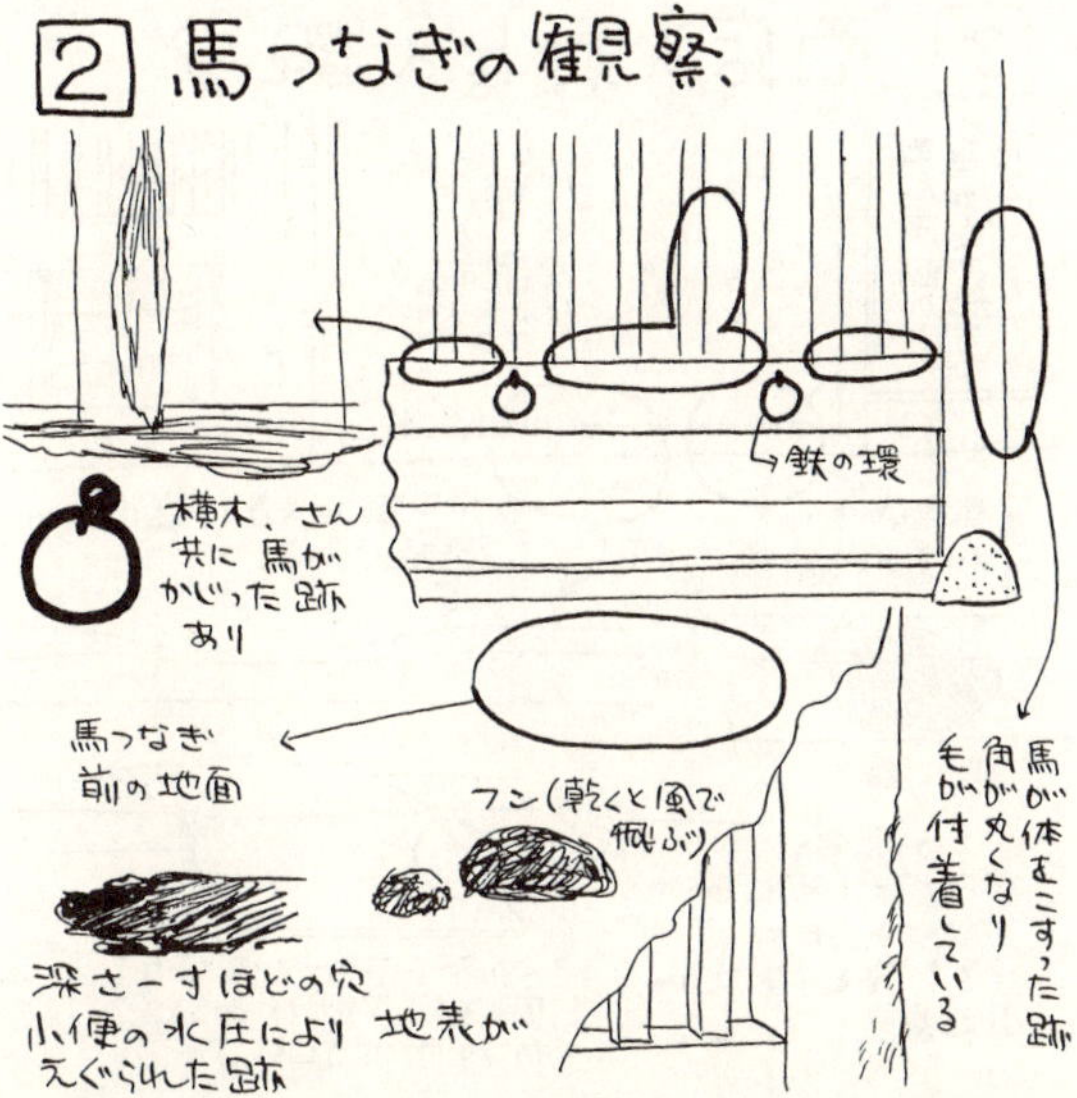

然に取り残されてゴミの中洲ができている。ここの掃除は公式行事の時だけだ。

紙問屋の馬つなぎに注目する。

馬つなぎとは、いわばパーキングメーターのようなものだ。鉄の環に手綱をかけておく。

馬つなぎ場に特有のサインがあらわれている。

横木や桟が、ガジガジにかじられているのだ。

角の柱には馬が体をこすりつけた跡が見られる。柱の角が減り、馬の毛が木の

3 商店の敷居の観察

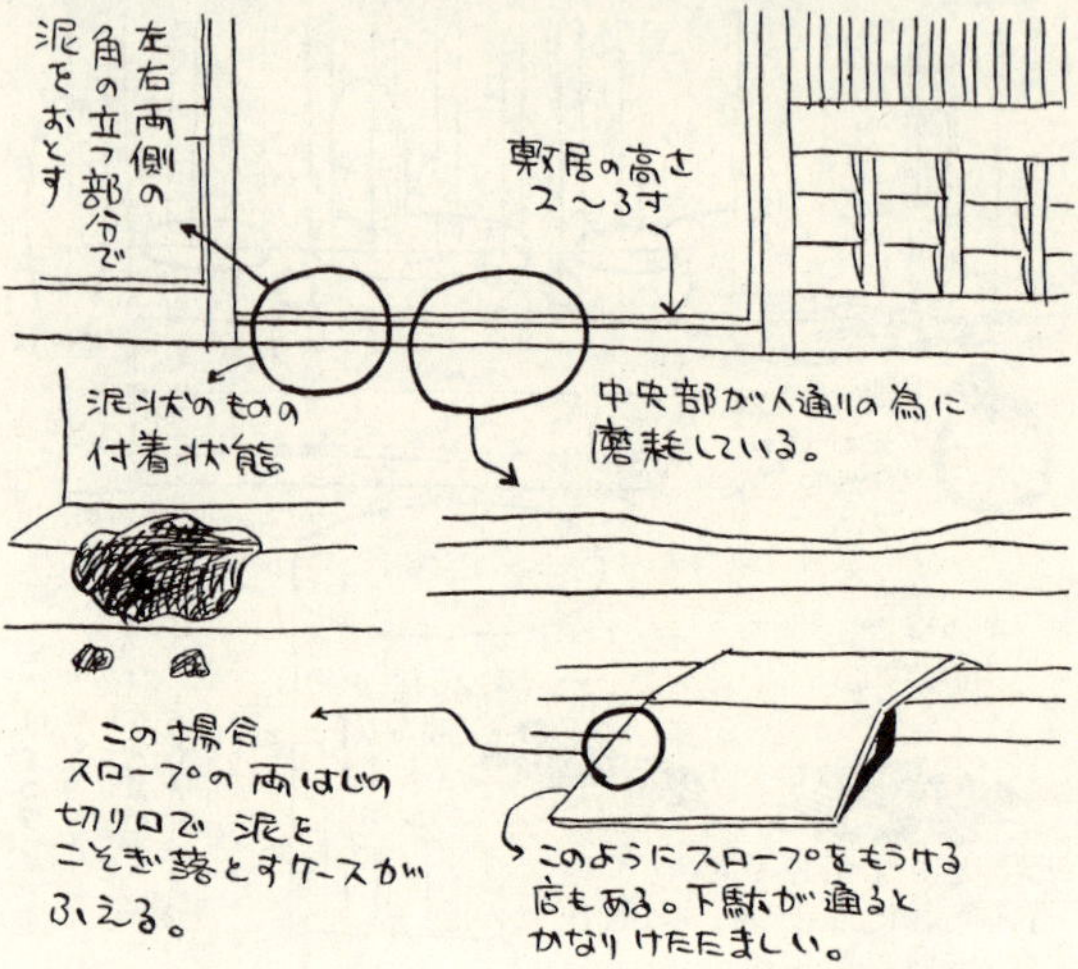
左右両側の角の立つ部分で泥をおとす
敷居の高さ 2〜3寸
泥状のものの付着状態
中央部が人通りの為に磨耗している。
この場合 スロープの両はじの切り口で 泥をこそぎ落とすケースがふえる。
このようにスロープをもうける店もある。下駄が通るとかなりけたたましい。

ささくれに多数引っかかっている。

地面には数カ所穴がうがたれている。小便跡である。フンは片付けられることが多いがたまには見る。

敷居に着目する。

馴れない内は敷居によくけつまずいたものだが、江戸の店には必ずといって良いほど敷居がある。大旨《おおむね》、まん中が、人の通行により磨耗していて、減り具合のはげしい時には当て木がされる。

店によっては板を山型に

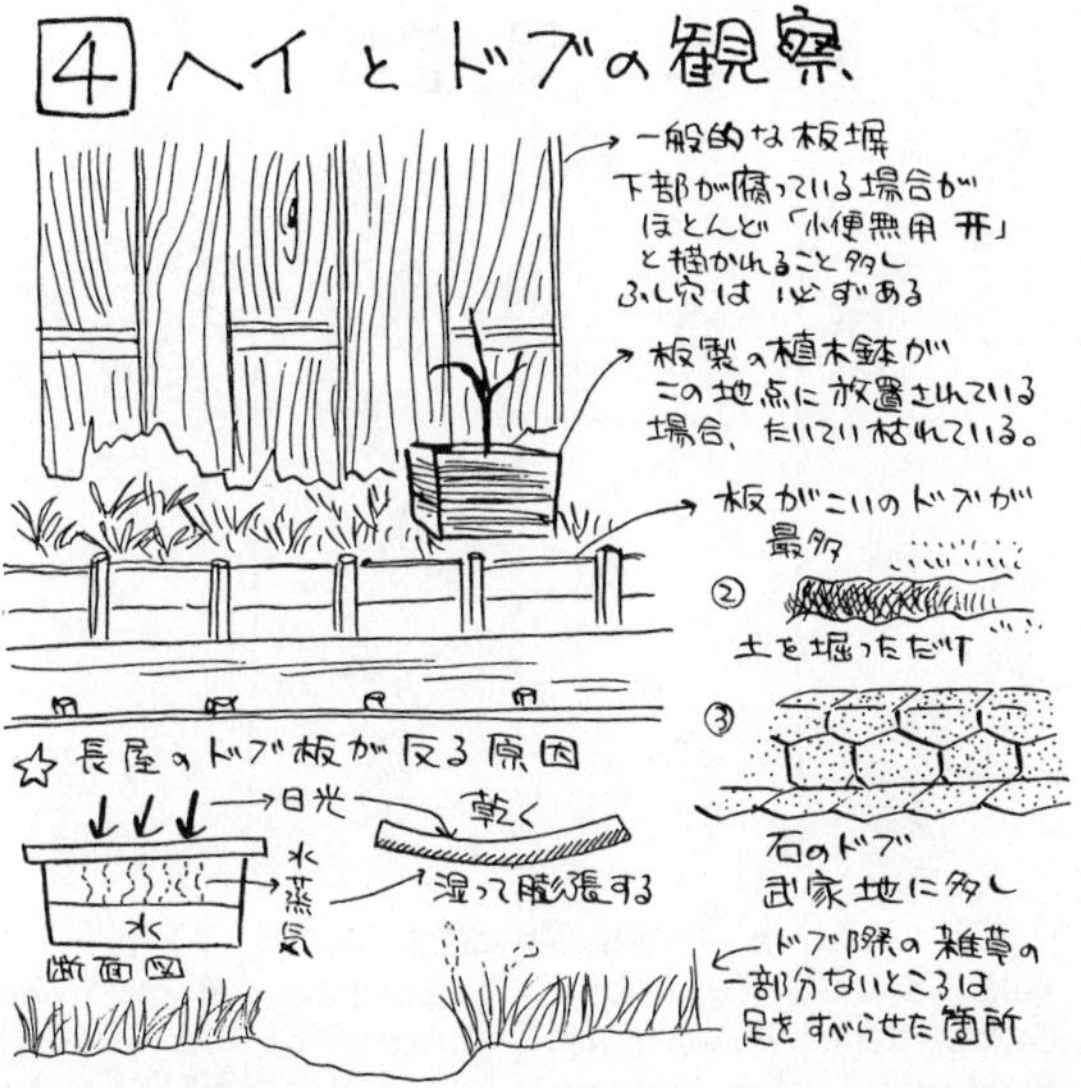
④ヘイとドブの観察
一般的な板塀
下部が腐っている場合が
ほとんど「小便無用 开」
と描かれること多し
ふし穴は必ずある
板製の植木鉢が
この地点に放置されている
場合、たいてい枯れている。
板がこいのドブが
最多
②
土を掘っただけ
③
石のドブ
武家地に多し
☆長屋のドブ板が反る原因
日光
乾く
水蒸気
湿って膨張する
水
断面図
ドブ際の雑草の
一部分ないところは
足をすべらせた箇所

渡して、けつまずきを防止すると同時に敷居を保護している。

どの敷居にも見られるサインは、下駄の泥のそぎ落しである。角の立つところでそれが行われる。丁稚がまめに掃除するが、すぐに新しいのが付着する。

塀の多くは簡素な板塀で片手で容易に押し倒すことの可能なものが多い。下部が腐ってザクザクになっている。塀の外側には溝が作られていて、このあたりで子供が良く遊んでいる。塀

5 路上の足跡

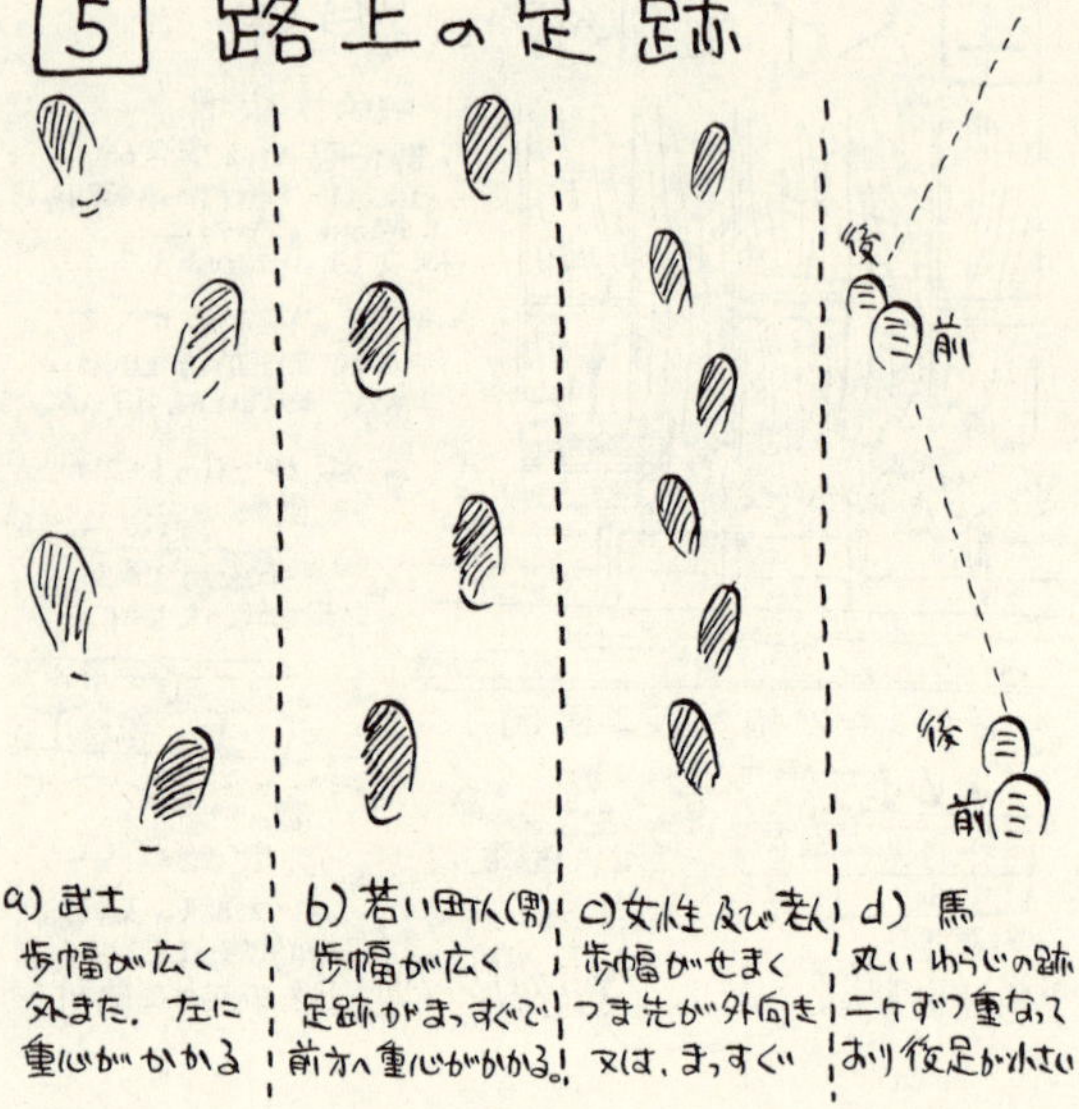
後
前
後
前
a) 武士
歩幅が広く
外また。左に
重心がかかる
b) 若い町人(男)
歩幅が広く
足跡がまっすぐで
前方へ重心がかかる。
c) 女性及び老人
歩幅がせまく
つま先が外向き
又は、まっすぐ
d) 馬
丸い わらじの跡
二ケずつ重なって
おり後足が小さい

と溝のわずかな隙を伝って歩いているのを良く見かける。そしてすべり落ちた痕跡もたいてい見られる。

溝には水藻が繁殖しており、灰色の小魚や川エビや虫が生息する。それらが子供の目当てだろう。

長屋のドブ板はガタピシうるさい代表格だが、毎日裏表を変えてやれば、あれほど反《そ》りゃしまいと思う。

路地を帚で掃き清めて足跡を採集する。

武士の足跡に大きな特徴が認められる。外またで歩

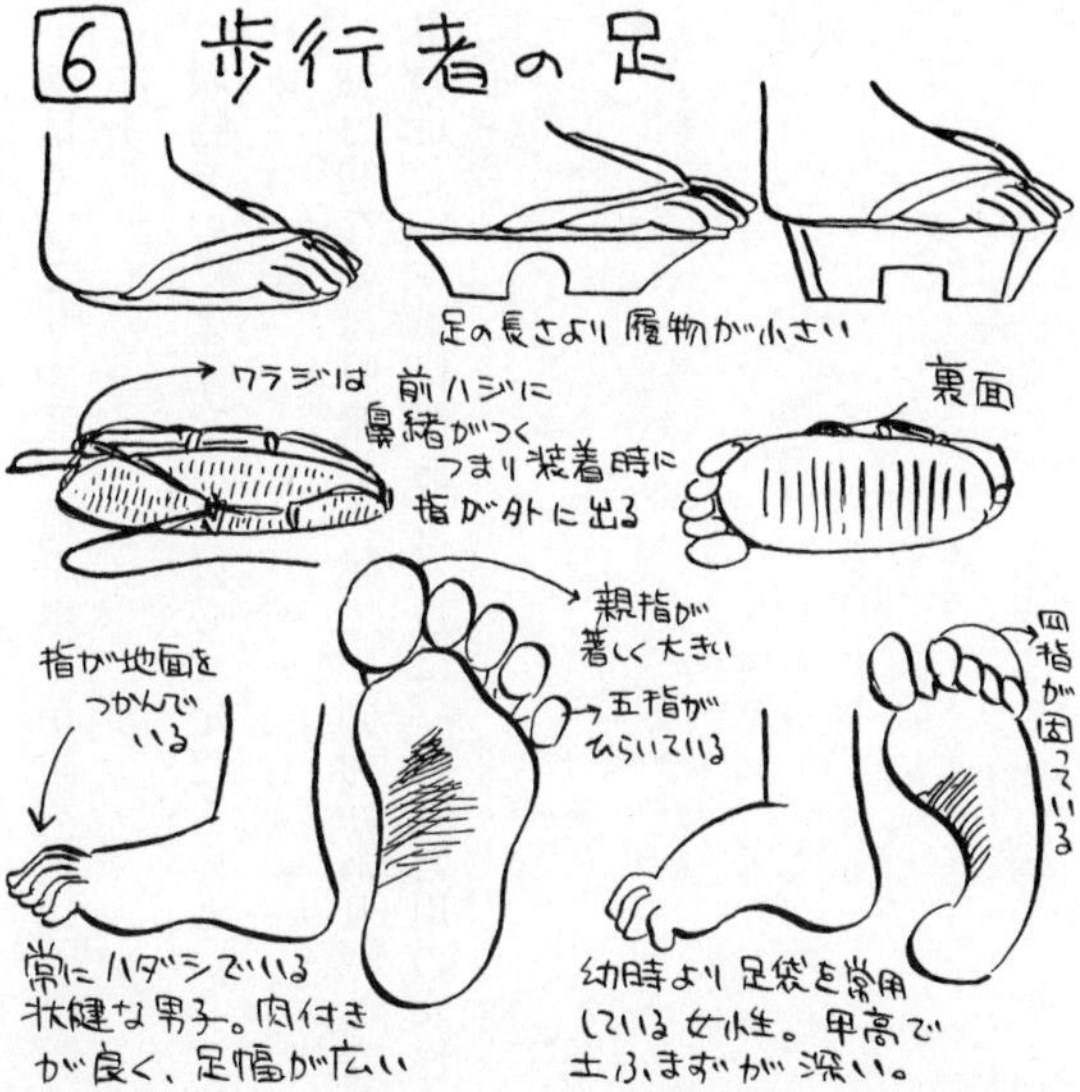
6 歩行者の足
足の長さより履物が小さい
ワラジは前ハジに鼻緒がつく
つまり装着時に指が外に出る
裏面
親指が著しく大きい
五指がひらいている
四指が固まっている
指が地面をつかんでいる
常にハダシでいる壮健な男子。肉付きが良く、足幅が広い
幼時より足袋を常用している女性。甲高で土ふまずが深い。

幅が広い。左側に帯刀している為（約五キロ）左に重心がかかると言われるが足跡だけではそこまでわからない。実際の足は、やはり左足が大きいのだそうだが、草履を左右別にあつらえることはしない。

　町人の成人男子の場合、歩幅は同じように広いが、足の向きがまっすぐである。

　老人、女性は歩幅がせまい。女性は七人通行の内、内または一人もいない。又老人には杖の跡も加わる。足の格好もさまざまである。武士はほとんど足袋を着用しているが、町人の場合、裸足が圧倒的に多い。

裸足でほこりっぽい道を歩くから、足はくすんで、爪などは土がはさまって見るからにキタナイ。

履物をぬぐような所では必ず足だらいといって足を洗うぬるま湯をサービスしてくれる。

魅力的なのは町飛脚の足で、弾力があり、しなやかで、足裏の肉付きが良く、足の中の足という風格がある。逆に、足袋常用の女性は、多くが甲高のむっくりで、畸型に近い。

（『路上観察学入門』筑摩書房、一九八六・六）

江戸町人と結び

まず、江戸の人の頭から「結び」を見ていきましょう。

江戸以前の女性は髪を下げていましたが、江戸の中期頃から髪を結いあげる結髪《けっぱつ》がはじまりました。結い方は身分や職業、年齢によって形が違いました。そのため、髪形はその人の名刺代わりともいえます。また、時代によって流行があり、流行の多くは歌舞伎役者や遊女、芸者たちがつくりだしていました。今のタレントのようなファッションリーダーの役割を果たしていたのですね。

髪の根元を結ぶヒモを元結《もっとい》といいます。武士は布や組糸を使うこともありましたが、町人は、紙を紙縒《こよ》りにして結びました。二重、三重などの結び方があり、元結の結び方で江戸のいつ頃のものか特定できます。

よく時代劇などの「髪結床《かみゆいどこ》」の場面で女性が男性の髪を結っているところを見かけますが、あれは間違いです。封建時代には、女性が男性の頭を触るのはもってのほか。

女髪結いの客は女性、男髪結いの客は男性と厳しくわけ隔てがありました。「髪でも、髪結床はあっても、町人のおかみさんなどは自分で結うのが当たり前。「髪を結えないようではお嫁に行けない」といわれたくらいです。また、「女髪結いは贅沢である」と幕府からたびたび禁止令が出ました。けれど、複雑な髪形が登場してくるのに従いプロの手を借りることが多くなり、禁止令はほとんど守られなかったようです。

男性も基本的には自分で結いました。特に武士は、自分で結えることが武士の条件でした。戦場にいて、自分で髪が結えないようでは足手まといになるだけですからね。はちまきや手拭いの結び方、被り方も、百の用途があるといわれるほどさまざまです。当時、布は貴重品で手ぬぐいをもらうのは、今でいうとエルメスのスカーフなどブランド品を贈られるほどのことでした。毎年、新柄が出て、人気の柄はプレミアがつくほどだったのです。

次に着物ですが、江戸時代までの女性は着物の裾を長いまま引きずって着ていました。外出するときは、歩きやすいように褄《つま》（端）を持ち上げていました。芸者づとめをすることを「左褄《ひだりづま》をとる」というのは、その仕草や姿が粋なところからきています。

しかし、それでは片手が取られて不自由なため、登場したのが「腰ヒモ」です。腰ヒモで着物を短くたくし上げるようになったのです。これは女性の行動において画期的なことでした。とはいっても、奉公人や下女はもともと働きやすいように対丈《ついたけ》の着物を着ていましたし、中流以上の妻女は、江戸後期まで家の中では腰ヒモを解いて裾を引きずって過ごしていました。

帯は、江戸以前はヒモのようなもので腰の上で結んでいましたが、江戸時代になると、より華やかに目立つように帯幅が広くなってきました。元禄の頃には九寸と三十センチを超すものもあり、それを一重に結んでいたため、帯は胸から腰の上くらいまでありました。前結びと後ろ結びがありましたが、前結びは動きが不自由なためすたれていきました。

帯の大きな変化は、「お太鼓結び」の登場でしょう。今でこそ帯といえばお太鼓結びが一般的ですが、登場したのは江戸末期、十九世紀初めの文政の頃です。江戸亀戸天神の太鼓橋落成の渡り初めのとき、花を添えた深川の芸者たちが新しい結び方の帯で勢揃いしたことから、その名がついたそうです。「お太鼓結び」では形を保つために「帯締め」が必要になり、そこから帯留めや帯揚げなどの副装品が登場してきました。

着物に使うヒモは、端ぎれを接《つな》ぎ合わせて自分でつくり、季節や色を選んで使いました。今のベルトやアクセサリーに当たります。

足元に目を向けると、足袋を留める「こはぜ」が登場するのはようやく江戸の後期で、それまではヒモで結んでいて、文字どおり袋だったのです。草鞋《わらじ》、下駄、草履など履物もすべて結びに関係あるものです。

「結び」というと「縁結び」を思い出しますが、これが風習として人々の間で広まったのは江戸時代です。地方から出てくる男性が多かった江戸時代では、女性一人に男性二人といわれるほど圧倒的に男性が多く、女性を射止めるのはたいへんなことだったのです。

そこで男性はせっせと付け文、ラブレターを書いたのですが、もらった女性はその人が気に入ると、文を紙縒《こよ》りにして自分の元結に使いました。紙が貴重だったということもありますが、紙を神と髪にかけて、「神（髪）かけて結ばれる」という意思表示をしたのですね。そのほか、付け文に小石を入れて「恋しい」、糸《いと》を結んで「愛しい」など洒落たやり方もはやったそうですが、粋ですね。

幕府はたびたび禁止令を出して、贅沢をストップさせましたが、それでも、人々はめげずにあれこれ頭を働かせて、暮らしを楽しみました。浮世絵をはじめ江戸時代の資料はたくさん残されていますが、それらをひもとくと、いかに人々が自分の個性を発揮したらいいか創意工夫していたことがわかります。人まねが嫌いで、人をうらやましがらない。いい意味で個人主義が根づいていたからこそ、「粋」の美学が生まれてきました。江戸は大人の時代だと思います。

今、私たちはあふれるほどものに囲まれているのに、個性を発揮するどころか、没個性のように思います。江戸の人の生き方を、少し見習ってもいいのではないでしょうか。

（「清流」二〇〇三・九）

江戸の育児と教育

江戸時代中期に、江戸の町の人口は百万を超え、当時、世界一のメガロポリスとなった。百万のうち、おおまかに五十万が武士で、五十万が庶民である。居住区の三分の二が武家地で、六分の一が寺社地、残る六分の一の地に、人口の半数にあたる庶民が詰め込まれた。七割がたの庶民は借地で、その大半の三十万人以上が、長屋という共同住宅に暮らしていた。

いわゆる「九尺二間の裏長屋」は、一世帯三坪、四畳半一間押し入れなし。狭小住宅の見本である。もともと単身者用の1Kであり、実際、男の独居が圧倒的に多かった。男女比が二対一の江戸の長屋世帯では、妻帯して子をもうけるのは天与の運だった。

都市部では、少子化が顕著で、夫婦に子一人の核家族。もっとも、長屋では、「親子三人川の字」が、スペースの限界といえる。

長屋に子が生まれると、長屋じゅうの人が、その成長を楽しみにして世話を焼くから、職場が外にある母親も育児に煩わされずにすむ。

子は親の所有ではなく、地域社会の財産だから、育児ではなく、次世代の人を育てるのだと考える。たとえば「子は十年の預かり物」という。おなかの中にいるときから十年養って、その後は労働力の一端として世間に出す。

俗に、「つ離れ」ともいう。一つから、九つまで、つ、がついて、十《とお》で離れる。数え十歳は、子供奉公の目安の歳だから、添い寝をするのも、体を洗うのも、親が手伝うのは、それまでとされた。

とはいえ、いつの時代も子にベタベタの親はいるもので、周りに薦められて、泣く泣く奉公には出したものの、心配で、毎日奉公先へ様子を見に行って、逆に子に叱られたなどという話は、日常茶飯にある。

多くの小父《おじ》さん小母《おば》さんに、見守られて育つ、江戸の子どもは、肉親の情とは別の、地縁の人情を、早くから知ることになる。

諸国の吹きだまりだった大都会江戸の繁華は、見知らぬ同士が、縁あって寄り合い、支え合ってこそ、成り立った。二十一世紀に伝えたいのは、この人情。

江戸時代は、貧しく哀れで、西洋文化から、はるかに遅れた、未開な社会のように思われがちである。

ところが、十八世紀後半の日本には、初等教育を指導する民間機関が多数現れ、日常生活に必要とされる教養を、各自の求めに応じ、教えていた。

おもに西日本では、「寺子屋」と呼び、江戸では、もっぱら「手習指南所」、「手跡指南所」と呼んだ。

もとは、寺で檀家《だんか》の子供衆を集め、僧侶が教えたので、寺子の集う部屋、つまり「寺子屋」が正しい。

が、江戸は武士の都で、万事、堅苦しく、子を教え導くのに、物を売り買いするのと等しく、「屋」を名乗るのにはふさわしくない、というのでこうなった。

江戸の看板通り、「読み書き」が中心だった。

まずは、平仮名、次に草書。ふだんの書き物は、崩した草書が主だから、これさえ覚えれば、不自由はない。そこで、草書は読めても、楷書は読めないという庶民もいた。

公の記録文書は、楷書が決まりだったから、武士の子は、たしなみとして、楷書まで、しっかり習わなくてはならなかった。

指南所は、月謝の定めのないものも多く、有る者は現金を払い、無い者は、それなりの気持ちとして、師匠に生活用具や食料、または労働力を提供した。

市井の指南所の普及により、読書人口が増え、出版界、貸本屋が繁盛した。江戸の大衆小説は、美しい挿絵がふんだんで、親しみやすく、なにより、すべての漢字に「読み仮名」が振ってあった。

少しの手習いをすれば、最新作の、胸ときめくラブストーリーも、手に汗握るアドベンチャーも、自分一人で、こっそり読める。

就学期間は、十日間だろうが十年だろうが、当人の自由。もっと学びたい子は、見合った教科書を貸し与え、個別指導に入ることもあるし、さらに専門的な「私塾」を紹介することもある。押し付けはない。

『南総里見八犬伝』のような、世界的な長編ベストセラーを支えたのも、庶民の学力。楽しく学ぶ場が、寝食の間にあったから。

巨大都市江戸の、町人地における人口密度は、現在の東京の比ではない。向こう三軒両隣の、ご近所というより、町ぐるみの単位で団子状に、ぎゅっとくっついている感じだ。

生活距離が極度に近い分だけ、精神面での距離を保つ必然が生まれた。江戸には、ベタベタしたおせっかいのない、ドライな都会暮らしがあった。

頼まれたら厭と云わぬのが江戸っ子気質。それは、頼まれもしないことには一切干渉しない線引きでもある。家庭内の親きょうだいにも、その線引きはある。子に夢を託すのは、親のエゴで、子には子の人生。頼ってこない限り、親は手を貸さないし、見守るだけで指図はしない。

江戸では、どんなに裕福な家でも子どもの個室がないのが当たり前だったから、在宅中は、いつも親の目が届くところにいる。町に出れば、町内の大人の目がある。路上では、行き交う人の数だけ、あいさつをしなければならないのが、江戸の慣習だから、なかなか非行に走る隙《すき》もない。

そんな中で、江戸の子どもたちは、少しでも早く一人前になりたいと願うようになるのだろう。どの地方の子どもたちより、おませな言動が目立ったらしい。

おむつが取れない、小便臭い、乳臭い、青臭い、おんぶだっこ、ネンネ、尻が青い、クチバシが黄色い、ひよっこ、めそっこ、青二才、若造、十年早い等々、年若をからかう言葉が、大人からではなく、若年層の間で使われている。

核家族が多かった江戸では、町内の子ども同士の交流が盛んで、子どもは少し年長の子どもにもまれながら、順繰りに育っていく。子どもを叱るのも、子どもを守るのも、少し年長の子どもだった。子どものケンカに口を出すのは、大人の恥だから、目に余る場合を除いては、子どもたちの間で、解決させようとする。

子どもは、未完成な大人ではなく、子どもとしての人格と、子どもとしての社会を、大人から認められていたのだと思う。

かつてはみんな子どもだった。昔も今も、子の成長を眩《まぶ》しく見る大人の瞳は、どれもそうつぶやいているようだ。

（「読売新聞」二〇〇三・五～六）

カカアのチカラコブ

「江戸」は、まだまだ、ムカシ、ですね。江戸が昔なのはあたりまえですが、江戸のイメージが、いつまでたっても百年一日、という事なんです。

時代劇でも、妻は家を守り、火打ち石カチカチ、三つ指ついて、夫を送り出します。「影身に添っての賢夫人」が定番です。

親に従い、夫に従い、子に従う。女三界に家なしなんて、居候じゃあるまいし。子無きを去るべし、多弁を去るべし、と、一方的三下《みくだ》り半《はん》に脅かされたりして、昔の女はたいへんだったのねえ、とタメ息が出てしまいます。

が、ちょっと待ってください。忍従ばかりで、二百六十年間、ニコニコ暮らせますか。人口の半分の女性が、日常的に不満をためこんでいる世で、あの長い泰平が、ノンビリ続きますか。冗談じゃありません。

家を守り夫を支える妻は、武士階級と、わずかな上流町人の要求でした。彼らは、日本の人口の約一割ですから、普遍的な要求とは言えない事になります。その他九割の夫婦は、そんな事おかまいなしでした。すなわち、守り継ぐべき家名と、資産を持つ階級は、(きわめて経済変動の少ない江戸にあっては)保守をつらぬき、損失を未然に防ぐのが、シゴトですから、家の名の下に、その柱の一本として、大黒柱の夫に寄り添うことを望まれたわけです。

ところが、どっこい、守るべき家名も資産も持ち合わせていない、裏長屋の住人の妻、カカア大明神、山の神は、そんな気詰まりのする枠なんかには、おさまりゃしません。独創的で、自由奔放、家にも、夫にも、子にもしばられず、みずからの人生を、みずからの太腕で、力強く創り出して行きます。

カカアのほとんどが職業婦人です。が、いわゆる共稼ぎとちがい、働いて得た金を、家計の足しにはせず(妻子の口を養うのは夫の唯一の使命)、もっぱら自分のために働き、自分の栄養として、お金を使い、溜めました。稼ぎの悪いテイシュに、さっさと見切りをつけるのも、溜め込んだ「栄養」があればこそ可能ですし、見所はあるが、しくじって大損したテイシュには、ここぞと山内一豊の妻、どーんとカタをつけてあげたりも出来ます。カカアがソウなら、テイシュだって、妻子にグウの音も出ないくらいに食べさせよう(おまんまで文句の口をふさごう)と、雛を育てる親鳥のごとく、意地になって稼ぎます。それでも、カカアや子が、ベッタリぶら下がらない分、テイシュとしても、ずいぶん身軽でしたろうし、テイシュにもオノレの人生を模索する余裕が生まれた事でしょう。

江戸庶民の、屈託ない、のびやかなすがすがしさは、男も女も、一人の大人として自立していた事に所以《ゆえん》します。が、なによりも、カカアのチカラコブ（実力）に負うところ多大ではなかろうか、と思います。曰く「日なたに出ての賢夫人」。

（発表誌不詳）

男と女の江戸事情

昔の話だ。ニホンオオカミが達者だった頃の我が国に、エドッコと言う種族がいた。生息区域は、現在の東京都内の、ごく一部で、最大の集落は、神田川の南、千代田城の東、隅田川の西、江戸湊の北、の東西に細長い一帯の、裏通りにあった。その数は、およそ六万人程で、江戸に繁殖する人間の総数の、わずか五パーセントに過ぎなかった。在来種であるがため、外来種と区別して「エドッコ」と呼ばれた（と言うより、少数の誇りをこめて、外来種に対し、自らソウ名乗ったのが、コトのはじまりと言う）。

特殊な生態を営んでいた。

彼らは、共生する外来種や、現在の我々のように、家族と言う血縁の小集団で生活するタイプは少なく、男性の個体の独居が主だった。

まれに夫婦単位の生活もあるが、「結婚」と言う、大袈裟なセレモニーはなく、「ひっつきあい」と呼ぶ、馴れ合い同棲の形をとった。

仲間や、大家の立ち会いさえ得られれば、二人は「夫婦」と承認された。住まいは、「家」と言うよりは「巣」の形状で、独居時のカプセルホテルに似た「長屋」を使った。長屋の基本モデルは、四畳半一間に上がり口の土間のみの簡素なスペースで、仕事を終えて眠るための空間、いわば車庫ならぬ人庫の機能しかない。よって、彼らは、生活時間のほとんどを、長屋外ですごし、町全体を自らの「家」として自在に使いこなした。エドッコの特徴のひとつ、「外をほっつき歩く」「一箇所にじっとしていられない」は、このシティクルーズ生活から培われた。

他の種と、大きく異なる生態として「カカア天下」があげられる。

エドッコは、女も外に出て働くのが当たり前だったから、経済力があり、「ひっつい」た場合、亭主より高収入のケースも多く、夫婦間の決定権は、たいてい妻にゆだねられた。カカア（エドッコの主婦）にとって、亭主とは、ホットカーペット同様、尻に敷いてこそ暖かい団欒を生み、その存在に価値が出た。

共働きとは言え、カカアは自分の稼ぎを生活費に入れることは、めったになく、自らの楽しみに投資するか、蓄財したりした。亭主の役割は、あくまでも妻子を養うことにあった。が憂うるなかれ、亭主族。エドッコの生活費は、大半をエンゲル係数に占められていたから、妻子の腹さえ空かせなければ、亭主然として文句なくその地位を保てた。すなわち、良く動く口に、日々、餌だけ与えておけば、その他の「入り用」は、カカアが勝手になんとかした。日常の諸物価など、お安いもんである。珍しいもの（たとえば初鰹）を食おうと思わない限りは、楽勝である。

ゆえに、亭主は、カカアの同窓会やらＰＴＡ（「こんど着て行くものがないわー、あの指輪、前の時にもしてったしー」類のキョウハク）にも、そしてガキ（エドッコの子供）の学費の心配にも（寺子屋の束脩はカカアの受け持ち）煩わされることはなかった。勿論、長屋には、住宅ローンなどない。

毎日、ひもじい思いをせぬほどに（腹一杯でないところが、なかなかゆかしい）食べさせて、なおかつ、余れば、たまには紅灯の街に、羽根をのばすのも許される。

ただし、ハメを外し過ぎて、丸一日でも、カカアとガキの「餌」が、とどこおれば、天罰たちどころ。カカアは、別名「カカア大明神」「山の神」と言う、人知を越えた威力を有していた。あだやおろそかにすまじ。カカアには経済力があるから、甲斐性なしの亭主に、見切りをつけるのは矢よりも疾い。

帰宅するや、カカアに首っ玉とられ、無理矢理「三下り半」を書かせられる。江戸に残る三下り半の実態は、亭主自らの意志によって書かれたのではなく、強制的に書かせられたものだ。三下り半は「離縁状」よりは、公明正大な「再婚許可証」であり、それをもぎ取って置かなければ、次が困るのだ。男性の結婚難が、慢性化していたエドッコ社会に於いて、コブ付き出戻りのハンデはなんらなく、指名待ちのベンチヒーターは、ずらり居並んでいる。

去られた亭主の身に「次」は、まずない。「去られた」烙印は、エドッコ男の致命傷ともなった。社会的信用と共に、仕事さえ失い、江戸を離れ、地方で、一から人生のまき直しを図る者も少なくなかった。

エドッコ全盛期の江戸後期には、人口の男女比は、ほぼ半々なのに、エドッコ男は、なぜ結婚難だったのか。それは、エドッコのライフスタイルが、これ以上にないくらいシンプルに保たれていたからである。良く言えば質素、ありていに言えば、エドッコは皆ビンボーだった。ために、絶大な経済力を持つ、外来種の「旦那」と呼ばれる男に、複数の女を、いともたやすく独占されてしまうのであった。

世の女たちもつい、ビンボーなエドッコのカカアよりも、チャンスさえあれば、リッチな旦那のメカケの方が良いとする傾向にあった。

女にチャンス到来がなかったか、はたまた、エドッコ男にほだされたかは判らぬが、縁あって長屋へ降臨したカカアを、オタフク（福の神）と崇め、大切にした。その様を、割れ鍋に綴じ蓋、と外来種は言う。

エドッコ川柳に詠まれた、

女房のかげ身にそってたわけ者

とは、かげ身にそえない多数派の、やっかみの遠吠えだ。

「ボクモカゲミニソヒタヒ」ん？

平成にもそんな声が聞こえる？

（発表誌不詳）

江戸のおんな

「江戸のおんな」というのは、江戸時代の女ということではなく江戸っ子の女の話です。江戸っ子の女房、あるいは江戸より東のほうの女性と上方系の女性とがだいぶ違うために、上方の女性に対して「江戸のおんな」と呼んでいます。

わかりやすい例でいいますと、上方では、女性を褒めるときに、〝はんなりとした〟と褒めるのですが、はんなりとした、というのは、柔らかな、あでやかな、女性らしい華やかさのある、どちらかといえば、優しい感じのする言葉ですが、江戸で女性を褒めるときには、〝小股の切れ上がった〟という言い方をします。はんなりとは全く違うあり方で、しゃきしゃきとした男勝りの、という意味合いも含まれています。はんなりとしているということは、小股は切れ上がっていないわけであって、全く相容れないのです。

言葉遣いも全く違います。上方のおっとりとした、やんわりとした言い回しに対して、江戸では、娘さんも男言葉を使っていて、「ちょっと見ねえ」、「とっとと歩みねえ」、「つまらねえだにょ」だとか、「おさらばえ」といった言い方をするのです。

また、上方では、重ねていくことが美しい。お化粧でいえば、おしろいを塗って、紅を差して、眉を描くというふうに重ねていく。髪も、一分の隙もなく結い上げるというやり方をします。一方、江戸では、糠袋で磨き上げたような素肌の美しさを自慢として、髪もこてこてと結い上げず、いちばん粋とされたのが洗い髪を黄楊《つげ》の櫛でくるくると巻いただけの姿です。しかも湯上がりの浴衣姿が粋なのです。上方では鼈甲《べっこう》の櫛が珍重されましたけれども、江戸では黄楊の櫛でした。浴衣姿というのは、上方の友禅と比べるとTシャツ感覚です。ほとんど下着のようなものです。ほんとうに上方とは対極にある美意識だと思います。

そういうことから江戸の女の実態はどういったところにあるのか、というのを江戸の古川柳から、男女関係に関する句をひいて見てみたいと思います。

では、江戸中期から後期にかけて、宝暦以降の江戸の古川柳を見ていきます。

手を組んで反らせる娘できるなり

前のほうで手を組んで反らせる娘のコケティッシュなポーズをかわいいな、と見ている句なのですが、こういうポーズを上方の女の子はあまりしなかったようです。「できるなり」というのは、面白い恋ができる、面白いガールフレンドになり得る素質のある娘だということです。十二、三歳の恋の道の前の段階の娘ですが、いい娘になるだろう、と予測している句です。

涼みたがるは虫付いた娘なり

二番目も小娘を詠んだ句です。夕涼みというものを夏にしますが、「夕涼みよくぞ男と生まれたり」という句がありまして、男の子はたいていふんどし一丁で涼んでいます。そういう所に行きたがるのは、「虫付いた娘」、つまり恋の経験がある娘だということで、江戸の娘の早熟さ加減を詠んでいます。

上方では、男の子が十九歳ぐらい、女の子が十七歳ぐらいで恋の道に落ちるというのが大体の相場なのですが、江戸では、本当に早熟だったようで、十四、五の盛りには四、五人のボーイフレンドがいるというような状態でした。だから、十三歳ぐらいが恋の初めという感じで、上方から見ると、四歳ぐらい早かったようです。上方では、『お半長右衛門』のお半を十四のおぼこ娘というふうに、恋をするには若いという非常にまれな例として取り上げているのに対して、江戸っ子は、そんなのは珍しくもないという解釈をしていたようです。

このごろの娘の偏はけものなり

つまり、娘の女偏をけものに変えると狼になってしまうわけで、最近の江戸の娘っ子は狼である、と男の人が驚嘆している句です。送り狼という言葉がありますが、江戸では、女の子のほうが積極的にボーイ・ハントをして、しかもおそいかかりでもしそうな物騒な娘が多かったようです。

そういった江戸中期の江戸の市井の風俗が、上方やほかの地方から比べて非常に乱れているということが、いろいろな随筆に書かれております。有名なところでは、『世事見聞録』という年寄りの愚痴ばかりを書いたような本がありまして、このごろの江戸の娘は、人前で大の男が顔を赤らめるようなことを平気で口にする、と憤慨していますが、それはきっとこういった狼娘のことだろうと思います。

癇癪のように目をする色娘

これも非常に江戸らしい句です。江戸中期以降の江戸の町中では、色という言葉を盛んに使うのですが、上方では、色とはあまり言わなかったようです。色に当たるものが上方では恋なのです。恋は、一途に一人の人を思い詰めて燃えていくような人の情ですが、色は、必ずしも一人とは限らず、不特定多数の恋愛をいいます。恋とは全く違います。恋は命懸けというのに対して、色はその日の出来心という程度の色恋ゲームなのです。命懸けには決してならないのが色事です。相手を振り向かせるまでの、すれすれのところで男女が遊ぶ駆引きをするというのが江戸の特徴でして、振り向いてしまえば次の相手へと代わってしまうのです。振り向いてから濃密な時間のある恋とはだいぶ違います。

女性や男性を褒めるときにも、色娘、色男というふうに色が付くことによって、いい女、いい男という表現にもなります。色娘というのは、必ずしも見目よき女子ではないのです。上方では、いい娘の条件に、見目よき女子なりけり、といって、顔立ちがよいこと、姿がよいことが第一条件として挙げられています。人形のような、無垢の美をたたえていまして、女は、ものをあまり知らないほうがかわいい、と上方の男性は捉えていたようです。おいおい自分好みの女にしつけていくことが必要なのであって、最初は白無地であったほうがよいという意識が強かったようです。『マイ・フェア・レディ』が男性の理想なのでしょうが、それに対して江戸の色娘には顔がよくなくても、何となく色っぽいね、という言い方ができる。マイナス要因となり得るものが色気と捉えられがちなのです。

たとえば、やぶにらみの目をしている、受け口である、ほくろがある、あるいは少し猫背であるなどが色っぽいと感ずるのであって、見目よき女子なりけり、とは全く違う価値観があります。四番目の、癇癪のように目をする、というのは、まさにヒステリックな目つきをする娘を色っぽいな、かわいいな、といっている、上方にはあり得ない句です。

これまでの句を見てもわかるのですが、上方のおぼこ娘、純真無垢に対して、江戸は、どちらかというと、フランスのコケティッシュに近い蠱惑《こわく》的な女の子を好んでいた節があります。婀娜《あだ》っぽい、というのは、敵をなす、という意味にも通じておりまして、男を堕落させてしまうような、あるいは窮地に立たせてしまうような女の子にぞくぞくするという江戸の男性の、どちらかというと、マゾヒスティックな一面がうかがえると思います。

色娘面白いくをして太り

色娘がまた出てきます。面白いくというのは、もちろん色事のことです。しかも、くが入りますから複数の色事があるのです。太り、というのは、実際に太ってしまったということではなくて、妊娠をしたということです。妊娠をして父親がわからないという例は随分多かったようなのですが、それで娘に傷が付いたとか、不謹慎であるという捉え方はあまりなくて、そのまま家で育ててしまうか、あるいは養子に出してしまうなどと、少女の妊娠に対してわりと楽天的な受け入れ態勢があったようです。関西では、こういったアバウトなことは、あまり目にしたことがないのですが、江戸では、未婚の女性の出産、あるいは妊娠が盛んに取り上げられております。

目をぱちぱちで誘い出す憎いこと

女の子がウインクで男の子を誘い出しているのです。憎いことといっていますが、魅力のすごさに降参だと、完全に圧倒されている状態なのです。男の子が女の子を誘うのはおこがましいという感じで、女の子がリードをしています。

馬鹿らしいいやよと暗いほうへ逃げ

馬鹿らしい、いやよ、と口では言っているのですが、結局、暗いほうへ誘い込んでいるわけですから、かなりのやり手だという感じがします。

八番目は息子側の句になります。川柳に出てくる息子といいますのは、男の子ということだけではなく、かなりの資産家の子息という意味が含まれます。貧乏人の息子というのはあまりなくて、お小遣いがままになるような、親が金持ちの男の子を息子といいます。

手習いの世話がやんだら女郎買い

読み書きの手習いが終わったら、次は女郎で色事の手習いをするという句です。世間的にも、女郎買いは認知されています。特に息子株といわれるような大店《おおだな》のご子息は、女郎買いぐらいできないようでは商いの切っ先が鈍るというふうにいって、そのぐらい世情にたけていなければ、生き馬の目を抜くような江戸のメイン・ストリートでの商いはできないという認識があったようです。いまからはとても考えられないような世相です。

次は、女郎買いの手習いをしている様子です。

傾城につねられ親父にはぶたれ

傾城というのは高級遊女のことです。城を傾けるぐらいの美貌の女性であるということで、傾城と書けば、吉原のおいらんに相場が決まっています。傾城と書いて岡場所の女郎ということはあまりありません。

おいらんの愛想の第一につねるという所作がありました。息子が吉原で女郎買いの手習いをしていて、おいらんにつねられ紫のあざをこしらえて帰ってくるというのは、もてた証拠で、よくやった、と友達や何かに褒められるような非常に果報なことなのです。江戸の女郎は、つねったり、引っかいたり、噛みついたりというサディスティックなサービスを専らしていたようです。それをされるのがうれしくて通うのです。おいらんにつねられて朝帰りしたら、親父に、適当なところで帰ってこい、とぶたれてしまう。朝帰りも、昨日行って朝帰ったという朝帰りではなくて、多分連泊をしたのだろうと思います。居続けをして、折角紫のあざをこしらえて帰ってきたのに、親父に大目玉を食らってしまったという句です。

息子の不得手地女と孔子なり

孔子は、「子曰く」、で学問のことです。子曰く、の学問が苦手な息子は非常に多かったのですが、地女も同じように息子の苦手でした。地女といいますのは傾城の逆で、素人の女の子です。傾城に手取り足取り色事の手ほどきを受けているのですが、地女、つまり素人の女の子は狼娘ですから、頼りない息子などなかなか相手にしてくれません。息子の思うようになる相手でもなく、てこずっているという句です。

次もなかなか江戸らしい句だと思います。

親父のは息子の買った妹なり

吉原で親子して遊んでいるという句です。親父の買ったのが息子の相方の妹であるというのですが、実際の妹ではなくて、妹女郎です。これは川柳の常套句で、息子は年上のおいらんに手ほどきを受ける。親父は新造買いといって、若い、振袖を着ているような女郎を買う。これは、わりとお決まりのことになっています。

昨日は青楼今日は座敷牢

これは、あまり手ほどきが過ぎると、こういう事態になってしまうという句です。青楼というのは、中国でいうところの吉原のような所です。しかも、上等な所です。昨日は吉原で、今日はいい月だな、とおいらんと差しつ差されつ酒を飲んでいた身分が、今日は座敷牢の中に押し込められてウンウンうなっている。社会勉強のために行くぐらいならいいのですが、家、蔵をつぶすようになるほど入れ込んでしまっては、親父としても困るわけです。

息子を座敷牢に入れる役目をするのは俗物という者です。

俗物が寄って息子を牢に入れ

俗物というのは、大店ですべてを切り盛りしている大番頭のことです。大番頭はやぼでなければ務まらないといいますが、やぼが経済を支えている、あるいは、やぼがものを生産する力を持っているというふうにかなりの誇りを持ってやぼに甘んじています。大番頭が俗物ということなのですが、俗物は、日本には欠かせぬ大事な人です。番頭さんは、小僧からたたき上げで苦労してこの地位に登り詰めた人が多いですから、粋だの何だのといっている息子から見れば、俗物ということになるのでしょうが、これは悪口とは言えないと思います。

後の月生きたいわしで飲んでいる

先ほどと同じように、昨日と今日が打って変わって違うという息子の句です。つまり、前のお月見のときには、青楼にいて、おいらんと月を見ていた。後の月には、生きたいわしで飲んでいるのです。生きたいわしというのは、江戸では、なかなか口に入りませんし、また江戸っ子が酒の肴にするようなものでもありませんでした。これは何を意味するかというと、息子が千葉の銚子に勘当になってしまったということなのです。江戸の息子が勘当になる先は、決まって千葉の銚子でした。業を煮やした親父が息子を千葉の銚子の漁師に預けて、地引網を引かせるような若い衆に使ってもらうわけです。潮風にもまれて、また漁師たちに交じって地引網を引くうちに男らしい男につくり替えられるのではないかという期待を持って放り込むのです。しかし、それで直るような息子は少なかったようで、そのときは反省しても、帰ってきてまた同じことを繰り返すというケースが非常に多いように書いてあります。

こんどは夫婦の句です。めでたくめおとになってからの男女の関係です。これも江戸らしいな、という私の好きな句なのですが、

女房の影身に添って戯《たわ》け者

この戯け者というのは、女房の影身に添っているような亭主は戯けである、とそしっている句というふうに読んでしまっては、あまりにも表面的なのです。戯け者とい

うのは、江戸の男にとっては祝福の言葉です。

江戸っ子は結婚難でして、男性はなかなか結婚できなかったのだそうですが、結婚しますと、仲間からやっかまれて、戯け者などと、いろいろな罵声を浴びせられるのです。その罵声は、やきもちの入り交じった祝福の裏返しなのです。自分も影身に添いたいのですが、添えなかった連中からの祝福の言葉ということでこういう句が出来ています。

馬鹿亭主うちの戸棚が開けられず

これも好きな句で、落語さながらの情景です。この亭主が何でうちの戸棚が開けられないのかというと、戸棚を開けると間男が出てきてしまうからなのです。間男が出てきてしまうと、亭主の面子というものがありますから、何か決定を下さなければいけないわけです。でも、折角手に入れた女房を離縁するのはとても惜しいので、ここは見て見ぬふりをして、開けないほうが身のためである、と思っているのです。戸棚に間男がいるのは薄々感づいてはいるのですが、開けられないという句です。

次も馬鹿亭主の句ですが、

こびついていると女房機嫌なり

かかあ天下の江戸の様子が目に浮かぶような句です。

間男をすると女房強意見

亭主が何か不都合なことをすると、「間男しちまうよ。いいのかい」と脅迫をするのです。夫婦生活も圧倒的に女性上位に営まれていたという一例です。

次のはもうちょっとかわいいのですが、

二日寝て女房遺恨晴らすなり

亭主が女郎買いにでも行ってしまったのでしょう。帰ってくると、かかあは二日間ごろごろ寝ていて、炊事も何も全くしないというかわいい反抗の仕方だと思います。

惜しいこと色を亭主にしてしまい

女房が間男を実際にしてしまったのです。それで、色事の相手のほうがいいというので、亭主を出してしまった。間男を次の亭主に据え直してしまったわけです。ところが亭主にしたら、つまらなくなってしまった、色は色のままであったほうが面白かった、と後悔しているのです。

次も面白い句だと思います。

間男が抱くと泣きやむ気の毒さ

この間男は、自分の亭主の友達か何かで、よく訪ねて来るような人なのです。亭主は、自分の友達が間男だとは気づいていないか、あるいは最前のように、気づいていても気づかないふりをしているかのどちらかだと思います。赤ちゃんが火の付いたように泣いている。そこにふらっと来た友達が抱き上げたら、ピタッと泣きやんでしまった。つまり、父親は、ほんとうは友達のほうだというのです。そういうスリリングな夫婦関係を詠んだ句です。

死なぬうちから女房は人のもの

結婚難ということもありまして、もし俺が死んだら女房のことを頼む、というふうに後のことを託す亭主族が多かったようです。自分の信頼のおける友人などにそのように言っておくわけです。でも、亭主がいるうちから女房は男をつくっていますから、死なぬうちから次の男がずらりと順番待ちをしているという句です。

四つにすべきを黄なるもの五つにし

これは、浮気の現場を取り押さえると二人を重ねておいて四つにする、つまり上半身と下半身を切り離してしまうということが行われていたということなのですが、それを現在では、黄なるもの五つにしているという句です。「黄なるもの五つ」とは、小判が五つという意味です。つまり、間男代が五両であるというのです。間男代というのは、当初は、首代として十両払っていたのだそうです。ところが、上方のほうからダンピングが起こってきまして、すぐに七両二分ぐらいに落ちます。そこで、江戸でも七両二分に落ちるのですが、江戸が七両二分に落ち着いたときに、上方ではすでに五両になってしまいます。それで、江戸でも幕末近くに五両という相場になっています。

音高しお騒ぎあるなはい五両

音高しお騒ぎあるな、という言葉遣いから、この間男が武士であるということがわかります。この人は、懐にあらかじめ五両の紙包を入れておいて、それから事に及んでいるわけです。そこに亭主がいつ帰ってきても、紙包を落ち着きはらって出すだけのことで、ものを買うようで道義に反するといった道徳的な罪悪感もないようです。こういった値の高い色事だと思うのですが、結構頻繁に起きていたことのようです。こういったことで、江戸の女性の生態がおぼろげながらもわかると思います。

次に、視覚的に見て、江戸の女性にはどういう特徴があったかですが、「江戸の美女時代別四タイプ」について話したいと思います。

江戸の美女というと、喜多川歌麿の浮世絵のイメージが強いと思います。歌麿の美人画の、ぽってりとしてふくよかな、というイメージがあるのですが、実は時代別に随分流行の変遷があって、江戸の二百六十年間にずっと歌麿型美人が闊歩していたというわけではなく、かなり早いサイクルで美女のはやりが変わっていっています。

四タイプありますが、全部江戸中期以降の女の子たちです。江戸の中期以前はどうだったかというと、やはり上方的な価値観に支配されていまして、お人形さんのようにきれいな女の子がいい、と思われていた節があります。江戸中期以降、江戸が都市として確立し、江戸文化らしいものがどんどん出てきたときに、江戸型美人が上方に対抗して出来てきたようです。自意識があり、男をてこずらせるような女が出てくるのですが、この四タイプともがそうです。

時代の早いものからいって、まず、春信型美人についてです。笠森お仙という有名な茶屋娘がいまして、それを鈴木春信が浮世絵にしたのが大ヒットするのですが、笠森お仙の顔がこの時代の美人であったかというと、そこはよくわかりません。春信の描く女性はみんな同じ顔をしていますので、どれがお仙でお仙でないかという見分けはほとんどつき得ません。

少女型美人で、着せ替え人形のリカちゃんのような平板な体つきをしています。目は夢見る瞳で、人工的なアイドルの表情で少しほほえんでいるような感じなのですが、実は無表情なのです。頭が大きくて、七頭身ぐらいです。五頭身ぐらいに描かれているのもあって、頭の大きい、幼児的な体型をしております。手足はあくまで細くて、抱き締めれば、折れそうにひ弱なのです。ロマンチックで、非現実的な妖精を思わせます。幼児型体型で、その頼りなさから万人に愛される素地を持ちますが、一歩間違えれば、ロリータ・コンプレックスの標的になりかねないという感じがします。

春信に特徴的なのは手の指です。細く、関節がなくて、グニャグニャのスパゲッティを五本並べたようなパスタ状の指をしています。爪がありません。手足はうどん状で、やはりグニャグニャしていて、関節といったものがあまり感じられないような描かれ方をしています。胴体は、薄くて平板で、短冊状のパスタのようです。全体的にパスタ型のアイドルであるということが言えると思います。この美女が出てきた明和ぐらいの江戸というのは、江戸全体が高度成長期で、上方に追いつけ、追い越せといって頑張っているときだったのです。男性がわりと強くて、父権がきちんと確立されていて、父親が家長として君臨している世相です。そういう父親が強い時代には、かよわき少女タイプがもてはやされるように思います。

二十年後には、清長型美人が出てきます。天明年間で、高度成長期から二十年たって、だいぶものが豊かになってきた時代です。生活水準が豊かになるにつれ、今度は何を求めるかというと、健康指向が上昇してきます。いわゆるヘルシー・アンド・フィットネスといった時代相になってきます。鳥居清長が描いたようなすらりとした、いかにも伸びやかに育ったという健康優良美女が登場します。春信の少女タイプと比べると、もう少し成長した娘、しかもスポーツ系の娘さんということで、モデル・タイプだと思います。十頭身ある美女を描いています。この当時の日本人がこんなプロポーションを持ち得たかというと非常に疑問なのですが、これが憧れの姿で、美しいと捉えられていたのだと思います。

現代でいうと、ビーチ・リゾートの宣伝ポスターの主役になるような女の子が清長型美人でしょう。指も細く、長くて、ハンドクリームとか指輪のコマーシャルに出てきそうなきれいな指を描いています。爪も描いてあります。非現実的な春信のスパゲッティのような指ではなく、手のタレントさんのようなきれいな指です。そして、手足も長い。全身がすっきりと、無駄な肉のない、洗練された体つきをしています。わりと引き締まっていて、どちらかというと、パスタ・タイプの春信に対して、レンコンとかニンジンとかゴボウといった根菜類の体型をしています。

さらに十年後には、また美人のタイプが変わり、歌麿型美人の体型、つまりかなりグラマラスになってくるのです。時代が豊かになってきて、家の中には、欲しいと思っているような製品が大体そろってしまったというときに、こういった豊満な美人が出てきます。七頭身から八頭身という実在し得るプロポーションの美人を歌麿が描き出しました。

体には凹凸があって、陰影のある女性らしい変化に富んだ曲線を持つ、存在感のある七頭身です。手足は、ふっくら、もちもちとして、適度な脂肪を感じます。豊穣の女神といった感じです。清長の娘タイプに比べて、かなり母性を意識した描き方をしています。先ほどから指を話題にしていますが、清長のモデル・タイプの指からむっちりとした指に変わっています。ウインナー・タイプです。歌麿は、ときに爪の甘皮まで繊細に描いています。歌麿の女性崇拝の姿勢をこの甘皮に非常に感じるのです。歌麿は、ヘルシー指向からフィジカル指向になり、肉体崇拝が随分感じられます。歌麿は、美人画の絵師では最高峰だと思います。歌麿の描く美女を見ていると、体温や肌のにおいまで感じられるぐらいに微に入り細をうがち描いています。理想からやや現実に下りてきて、人間本来の欲望を肯定したような個人主義も歌麿の美人には感じられます。最初のパスタ、それから根菜を経て、ハムやウインナーの肉類型が歌麿美人であると言えると思います。

世の中が安定してきて、次に何を求めるかというと、男性は、マザコンになってくるように思います。女性を崇拝する男性像が、歌麿の傾向を形づくっているのではないかと感じています。少女、娘と来て、今度は母親です。私たちは、四タイプのうち歌麿タイプの美人までは体験しているのではないでしょうか。昨今の豊満な体形をもつアイドルの登場というのは、まさに歌麿タイプをいま世の中が享受している。それだけテレビドラマで話題になった「冬彦さん」のような、マザコン・タイプの男性が増えつつあるのだと思うのです。

またさらに三十年後の、幕末タイプの美人は、これから出る可能性があるという美人です。歌川国貞や渓斎英泉《けいさいえいせん》は、これまでの三タイプとは全然つながりのない美人を描いています。急にアバンギャルドになるのです。アンニュイでエロチックな表情をしています。歌麿は、喜怒哀楽のはっきりとした豊かな表情を描いていましたが、幕末型美人は、神経質でヒステリックな感じの美女です。それから、体型が非常にアンバランスです。頭が春信のときよりもさらに大きくなって、特にあごがかなり目立つのです。頭が五頭身になっていて、胴長で短足です。女は胴長のほうが抱きよいという言い方がされ、胴長が褒められています。そして、猪首で猫背、胸が平板で落ち込んでいます。歌麿であれだけ豊満だった胸が貧弱に落ち込んで、わずかに鳩胸である、といったぐらいの貧弱なバストになっています。下腹が出るという不健康な姿勢を取りがちです。手足は、干物のように硬い不格好な形に描かれていて、まるでたくあんのような感じがします。

それから、指は、むちむちとしてしずる感あふれる歌麿のウインナー・タイプから、こちらは足の指まで二十指全部がまむし指に描かれています。反り返っているのです。全部の爪が深爪に描かれていて、深爪があまり度を越しているがために爪の上に出ている指先の肉が盛り上がるという、非常に不思議な形に描かれています。

これはどういうわけなのか。結局、社会全体が進歩発展に迷いなく、上昇指向一辺倒のときには、こういった美女は出てこないはずなのです。幕末タイプは、コンプレックスの塊のような体形であり、顔立ちなのですが、これを持って生まれた個性的な魅力として、ほかの人が持ち得ない魅力として評価し出すのが、世紀末の退廃期にある価値観の逆転ということなのです。陰が陽になり、裏が表になり、そして醜が美になるという世紀末型の美意識がこういった美女を生んだのではないかと思います。いままでの三タイプを全部食品でたとえてきましたが、四タイプ目の幕末美人は、発酵型食品だといえます。熟成の末の腐敗一歩手前というような発酵型食品です。結局、納豆の粘ればこそよけれ、チーズの臭きが貴きというものを賞味する時代が幕末退廃期の美人に現れているのではないかと考えています。

これから私たちも世紀末を迎えるわけですが、このタイプの美女が今後登場するのかどうか。このタイプの美女が登場すると、世の中は変革期を迎えることになっていますので、登場に刮目《かつもく》していっていただきたいと思います。

（『江戸東京学への招待1』ＮＨＫブックス、一九九五・十一）

お江戸の水と緑

専門の江戸からのお話をということですので、前半は江戸の自然について、後半で江戸の遊びについてお話しいたします。江戸と言っても、時代の江戸ではなく、私たちの住んでいる東京の昔の姿とご理解ください。

一枚の屛風絵が残っていまして、江戸東京博物館に複製が常時展示してありますが、鍬形蕙斎《くわがたけいさい》という絵師の書いた「江戸一目図屛風」という有名な作品です。彼はもとは北尾《きたお》政美《まさよし》という浮世絵師でしたが、後に津山藩のお抱え絵師になって鍬形蕙斎と名乗りました。ちょうど写楽や歌麿が活躍している時分の人で、非常に筆のたつ絵師です。江戸をいまのランドサットのように、はるか上空から一目に眺めおろしている鳥瞰図で、大変すばらしい絵です。そこに描かれている江戸の町には、緑が濃い黒い森がたくさんあります。それから、町の隅々まで水路が入り組んでいる。つまり、水と緑の豊富な町が描かれているのです。その中には白い壁の大名屋敷や、ぎっしりと軒を並べる日本橋の商店街や、蟻のような大名行列がいましも両国橋を渡るところなどが描かれていまして、一日眺めていても飽きない、とても好きな絵です。あそこで描かれているのは、家康が入ってから百五十年くらい経っている江戸の姿ですが、非常に美しい都市です。

もともと江戸がそういう恵まれた自然環境にあったのかというとまったく違い、かつて平安の歌人に「武蔵野は月の入るべき山もなし、草よりいでて草にこそ入れ」と詠まれたぐらい何もない茫漠たる荒れ野だったのです。ススキの原、灌木、そのようなものしかなかった。水路も未整備で、たびたび荒れる利根川と荒川と、そして隅田川、みな暴れ川ばかりです。

そういうところにああいう夢のような都市を造ったのが江戸の都市計画です。一五〇年という長いスタンスを経て、やっと実現したものですが、すべてが人工によるものなのです。「美しき天然」という言葉を借りれば、江戸の町はまさしく「美しき人工」の結晶と言えます。

まず大名たちに植樹を命じてどんどん木を植えました。「このくらいの屋敷の面積だったら何本植えなさい」と。あとは地形によって「広葉樹を植えよ」「針葉樹を植

えよ」と、木の種類まで指定して植えさせたようです。こういったことをたくさんし

ています。

それから、耕作に適さないような丘陵地には広葉樹を植え、その広葉樹の葉で堆肥を作り、近隣の農作物の肥料として使っていました。本当は下肥が一番よい肥料ですが、江戸の下肥は安くなく、その下肥だけで農作物を育てようとする場合には年間十両ほどもかかります。とても高価につくので堆肥のほうがよいと、積極的に広葉樹を植えるようになりました。

それから、いまですと想像がつきにくいかもしれませんが、二十三区内の杉並区、あそこは江戸で建設用に使う杉の生産地でした。青梅街道沿いに杉を植樹して、杉の育成に適した土地柄だったようです。高井戸の辺りが生産地として一番有名でした。日本橋からわずか十五キロですので、運搬も大変安くついたということです。

水路については、人は道路を歩きますが、モノは水路を行くことが常になっていたので、物流の要が水路でした。大きな商店街の蔵の前まで掘割が掘られました。これらの水路は町の隅々まで毛細血管のように広がっており、江戸の後期に描かれた「江戸名所百景」という安藤広重、初代広重の名作がありますが、あの百景の中の七割以上に水辺が描きこまれているのです。水の豊かな町です。これは江戸に多発した火事

の防災にも非常に役に立ちました。

これら水路、そして緑は常に町に住む人々によって管理されていました。江戸幕府がチープガバメントで予算がわずかでしたので、民営と言うか、民間から積極的な参加を求めることを常々やっていました。市民意識も非常にレベルが高く、お上がやってくれるのを待ってばかりはいないのです。道がでこぼこなら平らに直す。水路が汚れていれば月に一回どぶさらいをする。そして、広葉樹や針葉樹あるいは街路樹の保全といったことをみな民営でやっていたのです。

隅田川堤の桜並木は、春の江戸庶民を楽しませるのに十分に機能していましたが、あの桜並木にしても、お上はぽつんぽつんと大雑把な範囲でしか植樹をしませんでした。そのお上が植えた桜と桜の間を町々から寄進といって寄付をさせるのです。ここからここまでは日本橋何丁目、ここからここまでは蠣殻町何丁目という感じで、町で負担をさせています。町の人たちは隅田川に花見に行くときに、自分たちの植えた桜の下で酒盛りをするわけです。自分たちの桜ですから隣町の桜よりきれいに咲かせたいという意地も手伝って、常々桜の面倒もみるわけです。土を入れ換えたり、あるいは枝を落としたりという管理もおこたらない。

水路が多い江戸では、やはり橋も必要で、小さな橋でしたら民間の富裕な人が自分でかけています。こういった小さな橋には必ず「源三郎橋」とか「利兵衛橋」とか人の名前がつけられています。

四公六民とは年貢の取り立て方で、四割がお上で六割が民間にという分配法ですが、これが行政の上でも踏襲されていて、四割まではお上がガイドラインを引きますが、六割は下から上がってきてください、歩み寄ってきてくださいという政策方向だったのです。そこで自然と市民意識が高くなったのでしょう。

これら江戸の自然は、江戸市民の行楽の要になっていました。先ほどのような川遊び、野遊びが四季折々、盛んに楽しまれていました。『江戸名所花暦』というポケットサイズの本があり、そこには江戸市中の花の名所がすべて載っています。「この季節にはここに行けばよい、この季節にはあそこに行けば何が咲いている」というガイドブックですが、文化文政年間に刊行されたこの本は、百年近く続いた大ベストセラーになっています。いまでも復刻版が出ていて面白く読めます。残っている名所は少なくなりましたが。

この『名所花暦』に載っている向島百花園、先ほどの隅田堤の桜もそうですが、すべて人工的に植えられたものです。人工的につくられた花の名所ですが、これらを上手に生活に取り入れていたのがわかります。

それから行楽の一つ、それも最大級の行楽としてブームになったものに吟行があります。俳句を一句ひねろうか。非常に環境に優しい遊びです。排気ガスも出ないし、渋滞にも巻き込まれません。ただぶらっと野に出て目を見開いて耳を澄まして、そして風のにおいを嗅ぐ。こういうことで遊びが成立する、これ以上の環境に優しい遊びはないのではないかという吟行会が大流行りでした。しかも老若男女を問わず参加でき、お金のあるなしにかかわらず楽しめるという、開かれたリベラルな遊びです。


つぎに、江戸の時間について簡単にお話しします。

いまの時間とは時の流れ方が違います。まず季節によって時が変わってくるのです。ご存じのように江戸は不定時法で、日の出から日の入りまでを六等分、六つに割っていくのです。つまり夏の一時《いっとき》と冬の一時《いっとき》では四十分くらいの開きが出てしまうのです。季節と自然に寄り添って、時間が伸び縮みするということで、分刻み、秒刻みといったことはなくルーズです。

一番細かい時間の表現が小半時《こはんとき》、これは約三十分です。つまり三十分以下の細かい時間は、人々の暮らしの中に必要ではなかったわけなのです。三十分単位ですべてがスムーズに運行するという暮らしぶりだったと言えます。

当時はみな時計というものを持っていないので、時間はだいたいお日様の傾き加減で知ることができたのだそうです。それくらい日常的な感覚が研ぎ澄まされてくるのでしょう。時間をお日様で知る、それから夜のお月様できょうは何日くらいかなという日にちがたいていぴたりと当たったのだそうです。これは太陰暦ですから、月の満ち欠けでだいたいの日にちの目安はつくからでしょう。

それから何の花が咲いたから如月だな、何の花が咲いたから卯月だなと、植物で月を知りました。そして、夜の星座を見て季節を知りました。このように、人の暮らしと自然がぴったり寄り添っていたのが江戸の暮らしで、日本人はみんなたった百年少し前まではこんな生き方をしていたのです。

あと、江戸の時間で面白いエピソードは、例えば恋人同士が「雷門の前で暮六つに待ち合わそうね」と言いますと、暮六つというのは時間帯にして約二時間の幅があります。ですから、二時間は待つ覚悟なのです。ある調査によりますと、現代の恋人たちは相手を待つ時間の限度が十七分なのだそうです。十七分で堪忍袋の緒が切れてしまう。日本人は百年でこれだけ変わってしまったのだなと実感できます。

それから、江戸の人たちにとっての時間の感覚が私たちとは大いに異なります。よい時間、悪い時間と時間を区別したときに、私たちにとってのよい時間は、ある点から点の間にどれだけ多くのものが詰め込めるか、つまり効率が時間の善し悪しを測るバロメーターになっているのです。彼らはまったくそういうことは言いません。江戸時代の人が言わなかった口癖の一つは「時間がない」。こういう言葉は江戸の頃にはなかったのです。時間は無尽蔵にある。自分が生まれる前からあったのだし、死んだ後もずっとあるのだと。そういう感覚なのです。時間というのはいくら使っても減らないものだ。いま私たちは本当に時間がない、時間がないというのを手柄のように言っていますが、ずいぶん貧乏くさい価値観だと思います。

そして江戸の人たちにとってのよい時間、これは「ああ、おいしかった」とか「ああ、嬉しかった、面白かった」、つまり感動があった時間、何か感じた時間がとてもよい時間として彼らの記憶に残っていくのです。すなわち、何も感じなかった時間というのは止まっているも同然だという考え方がありました。これだけ感性豊かな暮らしぶりができたら本当によいだろうな、それこそ余暇なのではないかなという気がします。

お金持ちのことをリッチマンと言いますけれども、リッチという本来の意味はあがりで豊かなこと、自ら働かなくとも暮らせることで、それは、すなわち「時間持ち」

歩きながら携帯電話をするような人はリッチではありません。お金や物をたっぷり持っていても、お金や物を持っていることだけではないのです。お金や物をたっぷり持っていても、必ずしもいない人がプアーで、時間をたっぷり持っている人がリッチということで、必ずしもということを示します。つまり、生活や仕事に追いまくられて、自分の時間を持って

自分と自分の家族を養えるだけのエネルギーでよいというのは、「宵越しの銭を持たねえ」の江戸っ子気質そのもので、そういう暮らしぶりが少し前まではあったのです。

三百年の江戸の太平が、都市部に暮らす長屋の住人にもたらした新しいライフスタイルは、「三ない主義」といって、三つがない。

一つはモノをできるだけ持たない。家財道具は最小限でよい。足りない分は借りてすますか、別のもので代用するか、ガマンする。長屋には押し入れもなく、しまいっぱなしの家財道具は皆無に等しい。

二つめは出世しない。出世して地位が高くなるといろいろな余計な付き合いも増えるし、厄介なことが多い。身軽に生きたほうが得である。「棟梁とだけは呼ばれたくないから、俺はこうやって昼間から酒食らっているんでぇ」という大工の啖呵があり

ますが、そんな意気込みですね。出世のために接待ゴルフで家族を放っぽらかしにするよりも、だんらんを取るわけです。

最後の「ない」は悩まない。過ぎたことは忘れて悩まない。翌日に持ち越さない。常に前向きに、ポジティヴに生きる。

この三ないを私たちは全部持とうとしています。モノを持ちたいし、出世したい、悩みながら努力して、根性をつけてジャンプしたい。そういう逆のほうに来てしまったのがいまの産業社会で、飽食の果てに来るものというのは疲弊した肉体と精神で、このままただ、なし崩し的に滅びていくよりは、新しい貧しさを選択したほうが私はよいと考えています。

私は江戸が商売なのですが、趣味で縄文をやっています。縄文人のよい話を一つだけします。もう五千年前の話ですが、縄文人のお墓の脇に犬のお墓が発見されました。その頃から犬を飼って、かわいがっていて、お墓を作っているのです。人のお墓のすぐ近くです。なぜ犬の「お墓」とわかったかというと、他の猪やウサギはばらばらの骨になっているのですが、犬はひとかたまりになっていた。しかも、そこにお花が捧げられていた。これはなぜわかるかというと、花粉の固まりがそこにあるのです。自然に咲いているお花だったら花粉が散っているのですが、ボコッと固まって花粉の化石があるのです。そこで縄文人の優しい生活ぶりが彷彿として、すごくいいなと思いました。その後の弥生人になると、犬の骨に傷が付いているのです。つまり彼らは犬を食っていたのです。農耕生活を始めてから、人間というのはかなり変質してきたわけです。

それはそれとして、道具の話をします。縄文人は石の斧で木を切っていました。その後ずっときてから鉄の斧が日本に入ってきます。石の斧で一本切った同じ時間と労力で、鉄の斧は四本切ることができました。それからずっと下って、一九五〇年代に世界的に普及したのがチェーンソーです。チェーンソーは鉄の斧の百倍の木を切ることができたのだそうです。つまり石の斧で一本、鉄の斧で四本、チェーンソーで四百本。その結果私たちは文明が発達して、恵まれた世界に住んでいるような気がしていますが、森林が消えて光合成が行えなくなり、二酸化炭素が満ちて地球の温暖化が始まっています。そして、そのチェーンソーを何十年も使っている森林労働者の手が、白く冷たく固くなる。白蠟病という恐ろしい病気ですが、そういう病気も出てきてしまった。

道具は元々手の延長だったわけで、手の延長としての道具が、体が受け付けないような化け物じみた道具になっているのです。つまりもう手の延長とは言えないところに道具が変化し、人間つまり「地球人」自体も化け物化しているのが産業社会の功罪と思います。そこでいま考えたいのは、やはり化け物から「地球人」になんとか戻りたい。難しいことでしょうが、戻りたいというのが、この環境問題を考えるきっかけになり得るでしょう。

地球環境問題とかエネルギー問題とかいうと非常に堅苦しいし、大げさで重たいのですが、それをちょっと視点を変えて、例えば「風流」や「粋」ということで見てみましょう。江戸が生んだ美学である価値観、「風流」や「粋」とは少なめのことなのです。瓶の口まで水が入っているのは野暮ったい。少し減らしてこのくらいのほうが風流で粋だな、そんな感じです。何でも少なめとなります。この会場のライトにしても、少し薄暗いほうが女性もきれいに見えるし、風流となります。てかてかの白熱灯の下で恋愛するよりも、やはり薄暗いところで恋を語らうほうがずっと粋です。つまり少なめ。省エネルギーの「省」もやはり「少な目」と書きます。風流や粋を心がけることによって、この少な目ということが自然に実践できるのではないかと考えます。

また縄文に戻りまして、その時代のゴミを子細に調べると、本当に使えない骨、ぼろぼろになった道具、あとは糞尿です。そういったものしか出てきません。ところが現代の私たちのゴミを子細に調べると、七割がまだ使えるもの、まだ食べられるものなのだそうです。こんなにものを大量に捨てるのは、文明とは言えません。きっとつけが回ってくるというのが危機感としてあります。

あと最後に、余暇についてのエピソードとして、江戸の人は遊びは手間をかけるものである、仕事は手を抜いてもあとで挽回がきくけれども、遊びに手を抜いたら遊びにならないし、ヘタをすれば友人をなくしかねないと言っていました。つまり、どれだけ働いたかが人生の価値ではなく、どれだけいい仲間と楽しい時間を過ごしたかを重んじたのです。それからあと一つ好きな言葉は、「酒の上のことは守る」です。酒の上で言った約束ごとは必ず守らなくてはいけない。つまり、しらふの人間は平気で嘘をつくけれども、酔った人間は本音しか言わないということなのです。ただし、「酒の上」が原則で、「酒の中」や「酒の下」という泥酔状態ではベラボーなことしか言いませんから、それはダメです。日常から二、三センチフロートした酔いは人を自由にします。その二つが、私が江戸人と気の合うところの根本となっています。（談）

（『都市にとって自然とは何か』農山漁村文化協会、一九九八・二）

江戸のくらしとみち

「江戸」の上と下に「入」と「口」という字をつけると、町としての江戸の地形が見えてきます。「入り江の戸口」、つまり内海（湾）を抱え込む様に展開している町という意味です。この場合の江戸は、時代区分ではなく、地名そのものとなります。

時代区分の江戸は一口に「大江戸三百年」と申しますが、吉宗から化政期の、十一代将軍家斉まで、その間が江戸の町が最も充実しておもしろくなってきます。このおよそ七十年間に生まれたのが、江戸歌舞伎、江戸大相撲、江戸戯作（大衆文学）、落語、江戸小唄、端唄、歌舞音曲、江戸川柳、狂歌、浮世絵。私たちが思いつく、江戸の文化だなと思えるものがこの期間に次々に生まれました。「江戸前」という言葉もこの時代に生まれました。

三百年間の前半は、江戸の町の基礎づくりで、文化を育むゆとりがなかったわけなのです。元禄時代に華やかだったのは江戸ではなく上方でした。京都、大坂、この二大都市が日本全体の文化のイニシアチブを独占しており、元禄期の江戸は坂東の片田舎でしかなく、上方から入ってくる文化のすべてをありがたがってせっせとコピーしていました。「下りものにあらずば、よいものではない」と言われました。そして吉宗以降から化政期に至るあたりで、ようやく都市としての自覚も出てきて、自分たちの本当に欲する文化を自らの手でつくり上げていこうという気運が芽生えてくるのです。そして江戸らしい町並み、江戸らしい暮らしが確立、やっと江戸のオリジナルが登場してきます。

江戸では人口の約半数が武士、その残りが一般の町人ということになりますが、町人のうちのほとんどは地方から江戸に稼ぎに出てきている人々です。根っからの地元っ子というのは全体の五パーセントにすぎなかった。今の東京と似たパーセンテージかと思います。全国各地から人が流入してきて、新しい町づくりをしようという活気に満ちたエキサイティングな町が、江戸だったのです。

それまで日本をリードしてきた京都や大坂は江戸よりずっと古い都です。京都などは一千年もの王城の地、江戸はまだ生まれたばっかりの新興都市ということで、だいぶ気質が違います。京都は王朝文化で、大坂は豪商の文化。どちらも特権階級が文化を独占していました。江戸はその逆という世界的にも希有なタイプの文化の伝播の仕方をしました。つまり江戸にきてやっと庶民の時代が到来したということが言えます。歌舞伎、寄席、相撲、浮世絵、俳句、川柳、音曲舞踊、そして和食の代表格、てんぷら、すし、ウナギ、そしてそば、それらは江戸前の四天王と言われ、すべて庶民の創造物でした。庶民の側からの要求、要望が具体化し、しかも文化にまで昇華した、本当にまれなケースです。

京都は貴族が、そして大坂は豪商がトップにいた。江戸でトップにいたのはもちろん武士ですが、武士が表立って庶民階級の文化に口出しをする場面はなく、武士の社会と庶民の社会というきっちりと分かれた二層の社会というイメージをもっていただいた方がいいでしょう。その中で江戸っ子らしい、きっぷのいい、物事にはこだわらない、宵越しの銭は持たねぇというような気質——江戸っ子かたぎを形づくっていったのが、職人衆の価値観でした。江戸は職人の町でした。

江戸は人口の半分が武士です。武士はものを生産しない消費人口ですから、二人に一人がお客さんという江戸ならではの「おてんとうさまと米の飯はついて回る」、こういう職人の豪語が生まれるわけです。つまり江戸にさえいれば、職にあぶれることはない、おまんまの食いっぱぐれはない、こういう豊かな町ということが、この言葉に象徴されます。そして江戸の職人衆の技術がぐんぐんぬきんでてよくなったのは、武士が多数いたからでした。武士は、自分の家格に合った振る舞いと、家格に合ったこしらえをしていないといけません。つまり着物も刀も、装身具の全部が、その家格にマッチしたものでなくてはいけない。武士がいたがために、ランクに即した細かい面倒な注文にこたえる、そのための技術が目ざましい進歩を遂げていくということでした。

ヨーロッパなどの文明国では、戦争が文化をはじけさせるきっかけとなっています。ところが江戸という時代は長い長い泰平の中で独自の文化を磨き、熟成させていった、これも非常に珍しいケースです。人口が三千万人もいて、高度な文明をもち、それなのに二百五十年もの間内乱もなく、外から攻められもせず、またみずから攻めて行きもせず、平和を保てた。こうした平和の中に育まれた文化というのが江戸文化の特色でもあります。

二百五十年間の平和、なぜそれが維持できたのか、それは低成長で長期安定、具体的にいいますと、過剰生産、余剰在庫が無かったということです。すべての商品は注文生産が基本です。つまり決められた枠の中で全部のやりくりをしていかなくてはいけないという自給自足の時代でした。獲得する領地がないということは、資源を枯渇させないようなつつましい暮らしぶりでなくてはならなかったわけなのです。

江戸の二百六十四年間を通して日本人がやっていたことは、衣食住のすべてが八分目という暮らしです。足りない二分はどうするのか、これを毎日、日々工夫してやりくりしていくのです。よそから借りるか、他のもので代用するか、その場は我慢するのいずれか。そして生ごみや生活排水は、ほとんどゼロでした。

前半の五十年間の幕府が一所懸命やったのが街道の整備でした。多額の年貢が国土復興のために投入されました。江戸の前の時代は打ち続く戦乱で国土がボロボロになっていたからです。この時、民・百姓のみが疲弊して音を上げていたのではなくて、国民全体がいま我慢してこの国土を何とかしなくては国は滅びてしまうという危機感でいっぱいの時代だったのです。官・民手を携えて歯を食いしばった時代がこの苦しかった五十年間でした。街道の次は、水辺を整えました。地上の道は人々が行き交う情報の道、水の道は商品の流通をスムーズにさせる水運の道として整備しました。江戸時代の商品のほとんどが船便によって運ばれており、当時の江戸の町はベニスと並ぶぐらいの水の都でした。水路造りに加えて、護岸工事もしました。守り育てた町も文化も、一夜の雨で流し去ってしまう水害に危機感をもちました。そして川にはたくさんの橋もかけました。

四代将軍家綱のころの明暦の大火は、十万人が被災するという大惨事で江戸城の天守閣も焼失しました。天守閣を再建するよりは、災害に強い町づくりをするための費用に投じようという計画を立てました。家綱から吉宗に至る八十年間かけてそれは継承され、八代将軍吉宗のときに江戸の防災都市計画がほぼ完成しました。つまり四代家綱のころに、これから二百年も泰平の時代が続くという予感を得ていたのが非常に不思議でもあり、また大変な英断であったと思わざるを得ません。そして江戸という美しい新興都市が整備されていきました。

ギョウニン偏の「径（ミチ）」は小ミチを指します。小ミチ、近ミチ、横ミチ、あるいは袋小路。つまりそこには、たたずむという意味が含まれていますから、目的地に到達しない袋小路のようなものも、このミチの観念に入ることになります。「行（ギョウ）」は、もともと四つ辻の象形文字がこういうふうに変わっていったものです。

この偏のついたミチは主に自然発生的にミチになってしまったものです。「獣径（ケモノミチ）」というのも、この字を使います。

「道路」の「路」、このミチもあります。足と各（いたる）ですから、歩いて目的地にたどり着くミチ、目当ての地に行く筋という意味になってまいります。

このミチに近いのが、京都の四条や三条、五条といった「条」という字です。「條」の略ですが、これを分解すると、「条」とは細長い枝分かれした道筋を指します。これは先ほどの「径」、小ミチのように自然発生的にできた細ミチよりも幾分整理されたミチです。幾筋も通っているような細いミチは、「条（ジョウ）」の他に「小路（コウジ）」、「筋（キン、スジ）」という呼び方となります。

おしまいに「道路」の「道」。これは特別なミチなのです。「道路」の「道」というミチは、自然発生ではできません。もともと人々が行き交っていた細い筋ミチだったのかもしれませんが、後に大々的に人の手が加えられ整備されていった、あるいは整えることによって大きな役割を担わせたというミチです。つまり五街道は全部この「道」です。大変大きな意味のあるミチでして、足で行くという意味がシンニョウにまずあります。そして〝首〟があるわけは、特別儀式的な、公的な、公用の道を示しています。私用ではなく、公の益のために古《いにしえ》には奴隷の首を捧げたという重要なミチです。ですからこの「道」をつかうときには「公道」です。最初の「径」と書いたミチに一番近いのが路地です。庶民にとっては外廊下に近い感覚です。つまりごく私的な空間で、そこに縁台を出して将棋に打ち興じたり、子供らが駆けっこをして遊んだり、あるいは家に置き切れない道具類を出したり。何をどうしようが、路地においてはお上は目をつぶりました。路地は庶民のコミュニケーションの空間であったのです。

路地から一つ出て表通りにいきます。表通りといいますのはどちらかというと公道に限りなく近い方ですからかなり規制が付加されてきます。立ち話をしたり、たばこを吸ったり、荷物をそこにちょっと置いたり、そういうことは厳禁、罰金の対象になりました。つまり表通りは、スムーズに目的地から目的地に滞りなく進むべきミチであって、たどり着くためのミチです。先ほどの「道路」の「路」に一番近い用法です。また、武士は公用で裏道を通れません。旗本などを一騎、二騎と数えるように、武士は戦闘要員であり、「騎」とは、現代の戦場で言えば戦車の役割ですから、戦車が私道を通れないように表通りだけ歩いてゆきなさいということでした。

江戸の道では非常時以外は走ることが禁じられていました。歩く速度以上はスピード違反となります。船便を含むすべての物流も歩くスピードで流れていました。馬もです。馬に荷を乗せて、馬子さんが馬の口をとって歩くからです。馬を走らせますと、イコール有事。どこかで内乱が勃発した、戦が起こった、これにほかならないのです。歩く速度が移動の基本という……、私たちから見ると非常に信じがたい江戸の常識です。

路地には木戸がありまして、朝の六時頃にあき、夜の十時頃に閉められました。その脇には小屋があり、その木戸の開閉を行うことにより町の治安が保たれました。そしてその木戸の維持と木戸番のお給料は町入用（町内会費）によって賄われました。つまり町の治安は町衆の身銭でとり行われていた部分が多く、すべてを行政が関与していたのではないのです。非常に誇り高き市民意識です。道が凸凹《でこぼこ》だったりすると、やはりその町入用を当てて補修しました。これが江戸の町衆の心意気でした。そしてその町入用を納めているのが、表通りにお店《たな》を構える、高額納税者だったのです。自主的に町入用に積み立てていきました。納税の義務のない裏長屋に住む住人は町入用の義務もありませんでした。気楽なもんですね。つまり江戸の町がきれいに保たれていたのは、百万都市江戸で手広いあきないをしていた大商人たちのおかげでもあったわけなんです。

江戸はチープガバメントで、町人の富に頼る、それと自分たちでやろうという積極性に頼らざるを得なかったようです。政府の方では四割ぐらいのガイドラインを引いて、四割ぐらいのお金を出します。残り六割はそっちで何とか都合してくれと、げたを預ける形が、江戸の二百年以上にわたる官と民のあり方であったようです。いま考えるととても考えられないぐらいの成熟した市民意識、市民感覚を庶民たちがもっていたというエピソードになります。

大都市である江戸が二百五十年間の泰平を保つ事ができた価値観を示すキーワードは「持たず」、「急がず」、この二つの言葉だけです。「持たず」には二つの意味があります。一つは物を持たない。衣食住の家財道具をすべてスリム化する。たんすの肥やしをなくする、残飯をなくする、そして住まいもコンパクトにまとめる。年に何回かしか使わないような客間や応接間は必要ないとする、こういうようなスリム化が長屋です。それからもう一つの持たないは、コンプレックスです。他人をうらやむ、ひがむ、そういったコンプレックスを持たずに、自分は自分という自信を持って日々を暮らせば、せちがらくない。そういうことが大切なのです。

次の「急がず」、これも二つあります。一つの急がずは、仕事を急がない。せっかちな江戸っ子らしからぬことですが、江戸は職人の町ですから、彼らはコンプレックスは持ちませんでしたが、プライドはしっかり持っていました。職人かたぎというプライドです。つまり急げば三日早く仕上がる仕事は、逆に三日延ばして丁寧にやる、こういう気持ちが職人のプライドであり、誇りなんですね。そしてもう一つは、人づきあいです。諸国の吹きだまりである寄り合い所帯の江戸では、人とのつきあいを、細やかに手を抜かず、急がずやっていかないと、支えあってこそ成り立つ共同体の中ではつまはじきになってしまう。

二つの持たないと二つの急がない。これを江戸だけではなく、三千万人がほぼ実践できたからこそ、平和を守れたのではないか。長い低成長だけれども心豊かな時間をもてたというふうに考えます。(談)

(「道路と自然」一九九七春)

お江戸の妖怪めぐり

江戸のころの妖怪には、都市型と村型がいるんです。まず人との係わり方が決定的に違いまして、村型の妖怪っていうのは、地域の中で人間と棲み分けしてて、妖怪が出るのは時々なんですね。妖怪の住んでるテリトリーに人間が入った時に、祟りをなすとか、驚かすとか、悪さをする。あるいは妖怪のなかでもちょっとお茶目なやつとかが、人の住んでいる場所に出張してくるわけです。それに較べると、都市型の妖怪っていうのは人間と渾然一体なんです。というのも、江戸の町がもともと妖怪の住処を切り開いたところだから、自己主張のつよい妖怪が、後から新参で乗り込んできた人間に対して「ここは我々の昔からの土地である」ということを主張するわけですね。ですから本当に、隣り合った日常の中に超常現象が起こり得るんです。

例えばもしかすると、昨日雇った下女が妖怪かもしれないんですよ。その下女が妖怪で、彼女を取り返すために別の男の妖怪がゴタゴタ（今でいうとポルターガイストかな）を起こすっていうのがいわゆる「池袋の下女」っていうやつです。夜、家に石が降ったりするんです。バラバラッて降ってくるんだそうです。まさしく「俺の女だから彼女を返せー！」っていう感じなんですって。

江戸で一番頻繁に妖怪が出たのは、町と村との境界ですね。つまり都市対自然といいますか、そのせめぎあいのところです。

有名な本所七不思議とか、麻布の七不思議がその典型です。麻布七不思議の「がま池」っていうのは実は今でも残っていて、竹やぶがあったり、やぶ蚊がウヨウヨいたりする鬱蒼とした池が、元麻布の高級マンションに囲まれるように存在しているんです。怪しい雰囲気がプンプン漂ってますよ。東京のど真ん中でも、こんなところがあるんですねえ。

こういうところに妖怪が頻発したというのは、人間の側の罪の意識かもしれません。「こんなことまでして宅地にしていいんだろうか」っていう、開発に対する罪悪感が、江戸中期ぐらいからもう既に出始めてきたのでしょう。

江戸の人口は中期になって爆発的に増えて、最初は四十万人ぐらいだったのがなんと百二十万まで増えちゃうんですね。一挙に三倍ですから、住宅難ということで本所や麻布などの郊外にどんどん宅地を増やしていく。怪談、妖怪譚などが流行ったのはちょうどその間なんです。ちょっと仲間が寄り集まると、お酒飲みながらこわい話しようっていう百物語怪談会も江戸中期以降にブームになってます。「これ以上の侵略を食い止めないと大変なことになる」という意識が自然界には働いている、というふうに江戸の人達がウスウス感じとっていたんでしょうね。

町と村との境界域から町の中心部、神田とか日本橋に近づいていくとどうなるかといいますと、境界に出没するような大物の妖怪は祠《ほこら》に収められてしまいます。つまり〝神〟として手なずけられちゃうっていうんですか。動物園じゃないですけど、檻入りの手乗り妖怪になっちゃってるんで、安全なんですね。御賽銭入れて、御供物あげとけば、まあ祟りはないだろうっていう。

昔から「伊勢屋稲荷に犬のクソ」って言われるぐらい、江戸にお稲荷さんが多かったのはそれでなんです。

青山通り沿いにある豊川稲荷はその番頭格ですね。お稲荷さんも生き残るのは結構大変だったんですよ。というのも、お稲荷さんは「意成《イナリ》」に通じる現世利益の契約神でして、よく御利益があるとマスマス大きくなっていくんですね。ですが、小さくて微力なお稲荷さんは、こういう強力なお稲荷さんに吸収されていっちゃうんです。豊川稲荷はかなり強力な妖怪を祠化したお稲荷さんなんです。

境内には熊ぐらいの大きな狐が二匹いるし、ヘンな顔した狐や、ちっちゃくて可愛い狐がたくさんいます。場所柄か、芸能人や花柳界の人に人気があるんですけど、真夜中に訪れるのが特にオススメです。和服美人が一人でお参りに来ていたりして、やっぱり一種独特な雰囲気があると思います。

じゃあ、江戸の中心に妖怪がいなくなっちゃったのかというと、そんなことはありません。とにかく江戸は、妖怪と人間が常に渾然一体になっていたんです。野性味溢れる荒ぶる妖怪こそ封じられましたが、ごく些細なものがたくさんいました。私も描いたんですけど、例えば「酒壺の話」なんていうのは、飲み残しのお酒が気になった人を、徳利の化け物が徳利の中に取り込んでしまうんです。

それは、江戸に住む人たちの心の中に、どこか切ないような、ちょっとした引っ掛かりがあって、何かが自分にアプローチを掛けてくるような意識があったからなんだと思います。

江戸はたくさんの人間が寄り集まった〝ストレスシティー〟でしたからね。もともと故郷があって江戸に出てきたとか、あるいは故郷にいられない事情があって江戸に出てきたという、行き場のない人が路地裏の長屋といわれるようなところに肩寄せあって生きていました。江戸は一大消費都市ですから、そこに行けば何とか食っていけるだろうっていうような思いで、各地から続々と人が押し寄せてきたんです。今で言うと、港区、千代田区、中央区の三区に少し縁を足したぐらいの地域です。あの狭い区域に百二十万人って、ちょっと想像を絶すると思いませんか。しかも、そのうちの八割が武家地や寺社で、二割弱の所に人口の半分の町人が住んでいたわけです。そして彼らの運命はほとんどがゆくゆくは無縁仏になってしまうというものでした。とっても寂しい人生なんですね。江戸の町に些細な妖怪が多いのは、ちょっとした心残りがあって、成仏できなくて、現世に引き止められちゃうんじゃないかっていう、そういう拠り所を持てない気持ちが人間の心にあったということだと思うんです。

また、やや特別な存在として橋が挙げられます。これも描いたことがあるんですけど、橋の裏側に逆に鬼がぶら下がっているとか、裏側に妖怪が住んでる場合がかなりありました。

橋の上っていうのは、本来無いところに道を通した、非現実の空間なんです。また、彼岸と此岸を結ぶっていうのは、あの世とこの世を結ぶっていう意識ともつながりますから、生死の境界線をつなぐっていう、日常とかけ離れた空間になる。特に水面から高い高橋《たかばし》が出やすいんです。渡し船で渡ろうにも崖っぷちで渡れない、そういうところに無理やり架けたものですから。あり得ないところに技術でもって強引に架けてしまったという人間の横暴さですよね、自然に対する。

妖怪が人々の間に存在していた江戸の頃っていうのは、わからないものはわからないままでいいじゃないかという姿勢だったんです。わざわざそれに理由付けする意味はないんだと。「人間も百年生きてみればちょっとは妖怪のことがわかるかもしれない」って柳田国男のお父さんの松岡操が言ってるんですけれども、たかが六十年ぐらいの存在で妖怪を理解しようっていうのは非常に傲慢なことである、ぐらいに思っていたわけです。例えば、江戸の随筆の『甲子夜話《かっしやわ》』(松浦静山)とか、『耳袋《みみぶくろ》』(根岸鎮《やす》衛《もり》)の中での妖怪の話っていうのは必ず「さもありなん、ソウデアロウ」、半信半疑っていうのが結論なんです。

江戸では、妖怪みたいなわからないもの、不思議なものがあった方が自然だったんですね。そもそも人間に見えるもの、聞こえるもの、感じられるものっていうのは、世の中の現象のほんの一部分でしかないっていう認識なんです。ですから、どこにでも妖怪がいた江戸の社会はとても謙虚でした。現代よりもはるかに文明と自然が、共生っていうか、調和していたと思いますね。

(「SINRA」一九九五・八)

参　江戸の食事情

花のお江戸の底力

「花のお江戸」と呼ばれて四百年。この都の、尽きぬパワーの源たぁ何ぞや。

江戸は、物と情報が、ぐらぐら煮えくり返る鍋だあな。箸つっこみゃ、なんかに当たるが、慌ててヤケドしなさんな。オットそこの箸ピクつかせてるアンタ、まだ見ぬアナタ方のソノ「食い気」が、四百年間、鍋に活気をそそぎ続けてンだナ。江戸へ江戸へと草木もなびく。全国から江戸目指して若者が来る。彼らの情熱、食い気が江戸文化を作った。江戸ブランドは、材料も技術も、実は、殆ど地方によって担われたンだナ。地元「江戸ッ子」は、市内人口の五パーセント位の少数派だ。これが、山椒は小粒でピリリと辛いとやらで、遠来の方法やセンスに、片ッ端からケチをつける。こんななぁヤボだ、無粋だ、つまらねぇ、と。情熱が、見事そのワガママに応える、と、更に小難しい注文をつける。江戸の個性ってのは、この打打発止《ちょうちょうはっし》のせめぎ合いに磨かれた、辛口の文化なんだ。鍋は「東京」と名を変えて、益々でっかく煮えくり返ってるが、どぅでぇ、まだ、ピリリと辛味は利いてるかい。

（「めんたい通信」）

江戸のかおり

旅行代理店のパンフレットで、古都へいざなうときの常套句に、「歴史のかおりあふれる町」というのが大方の定番となっているが、歴史のかおりとは、ハテ、どんなかおりなのだろう。

わたしなんぞは、あまのじゃくだから、さぞかし、カビくさくてシケッぽい、旧家の蔵の中のイメージしかわいてこない。幼いころ、おイタをして閉じ込められる、暗くてこわい密室。あんなのに、わざわざお金を使って、でかけるまでもない、と、ツイ、鼻白んでしまう。

それじゃ、自分が二十年来とっつかまっている、江戸のかおりはどうなんだろう。わたしにとっての、江戸とは、かつてあった過去としての、博物館のショーケースごしにながめる「歴史」ではない。ひとりひとりのDNAの記憶の底に、いまも脈を打ち生きつづけている「くらし」だ。

くらしのかおりは、「におい」というほうがちかいかもしれない。江戸のくらしにタイムスリップしてみよう。では、二百年前、神田の裏長屋あたりの、一日をたずねることにしよう。

朝。七輪でアジの干物を焼くモウモウとした煙りも、みそ汁の大根を千六本にきざむトントントントンという包丁のリズミカルな音も、長屋の路地にはしない。すなわち、煮炊きのにおいは、ほとんどしないのである。なにせ、ここは都心のワンルーム賃貸である。居住者のうちに、妻帯者が少ない。江戸は単身者の都だった。自宅では、せいぜい良くて、おまんまを炊くばかり。おかずは、買い置きの、煮豆、佃煮、たくあんなど。長屋には、正規の台所がなく、ちょっとした土間の隅に、水がめを置き、自費にてかまどを設置するのが、なによりのぜいたく。だから、たいていのところは、まないたも包丁もない。おみおつけをつくるにしても、なっぱなら手でちぎるし、豆腐は豆腐屋さんに、サイの目とか短冊とかに、あんばいよく切ってもらう。おかずに魚が欲しければ、振り売り（行商）の魚屋さんに、三枚なりサクなり、好きなようにさばいてもらう。なにも、魚がさばけないのは、いまどきのお嫁さんだけじゃない。二百年前から江戸の都市民は、あたりまえにさばけなかった。安心しよう。

昼。外食。といっても、気のきいた定食屋があるじゃなし、屋台の立ち食いである。

三食屋台ですますのもめずらしくない。屋台はそれぞれ一品しか商わないが、たくさんの屋台があるから、移動しつつ食べ歩けば、バイキング状態である。いまでは高級和食となった、寿司、天ぷら、うなぎにしても、もとは屋台の食べものだ。その他、そば、鍋焼きうどん、ぶっかけめしなどなど、ファーストフードの目白押しである。おやつなら、団子、粟もち、大福、饅頭、白玉、ところてん、焼き芋、かち栗、とうきびなどなど、東南アジアの街に似ているかもしれない。

夜。夜は朝の残り飯を、茶づけかぞうすいにしてサラサラとかっこむ。ものたりなければ、これまた、屋台の、風鈴そば（夜なきそば）や、おいなりさんを呼びとめて、いっとき腹ふさぎをし、茶碗酒でもちびちびなめて、床につく。屋台は、二十四時間入れ代わりたち替わりだから、いつなんどきでも、なにがしかの食べ物にはありつけた。

すなわち、およそ、生活臭というものに縁遠かったのが江戸の長屋のくらしであった。

くらしから派生するにおいは、江戸の場合、都市の活気が発散する賑わいのにおいそのものであり、個々の家庭から流れ出るものではなかった。それでも、個々のにおいがないわけではない。こちらは、においというより「かおり」となる。それは、派生するではなく、意図して演出するものだ。身にまとうかおり、部屋を飾るかおり、仲間で興ずるかおり。

和のかおりの嗜好は、キャラ、ビャクダンなどに代表される香木だ。咲き競う花より、歳月を刻む幹。とろける甘美ないざないではなく、そこには秘めた決意が感じられる。

そしてそれらよりなによりも、かれらのくらしにぴったり寄り添い、いつでもどこでもかれらのいとなみを彩っていた、におい、かおりがある。それは、ほかでもない四季折々のにおい、かおり。

折々の植物が、芽生え、しげり、咲き、実り、落葉し、枯れ、新たなる時を待つ。その、緑と、花と、実と、幹の、におい、かおり。それから、くらしの足裏に、いつもある土。春は、草木を育む慈愛にみちた、胎盤のような青いにおい、かおり。夏は、命のほとばしりを祝福するような、夕立あとの力強い甘いにおい、かおり。秋は、こぼれんばかりの豊潤の実りをほこるような、むっちり熟したにおい、かおり。冬は、いのちのつよさを営々と抱きまもるような、透きとおった凛としたにおい、かおり。

江戸人は、たぶん、それぞれのにおい、かおりを、鼻腔ばかりでなく、全身の肌から呼吸していたのだろう、とおもう。そして、そんなわたしたちの「くらし」が、たしかにあった。

「けはい」という。漢字でかけば気配だが、出世実用マニュアルの「きくばり」にひきずられそうで、個人的にいやだから、けはい、とする。

わたしたちは、もともと、くらしの舵を、けはいにゆだねてきたのである。季節のけはい、ひとのけはい、ひと以外のもののけはい。あるかなきかの、かそけきけはいを察することが、生きていくうえの最低のマナーであり、もっとも誠実な外部とのコミュニケーションの手段であった。

けはいは、目に見えない。手で触れられない。におい、かおりで察するものだ。それは、嗅覚の能力ではなく、感性のちからだ。

いまの東京のけはいは、どんな、におい、かおりなのだろう。

（「高砂香料時報」一九九五・八）

江戸ぐるめ事情

江戸のお正月といいますと非常にのんびりして、静かなものだったんだそうです。みんながほとんど寝正月で、十五日――小正月のあたりまでは働かないというようなのんきな時代で、外を歩いているのは上役への年始にまわる武士たちだけ。武士だけが忙しくあっちこっちのお屋敷に挨拶に行ってたんだそうです。ですから江戸のお正月に聞こえる音は、武士の袴の衣ずれの音と、路地裏で女の子たちが突く羽根突きのカチーンコチーンという音だけ。それからたまに門松の笹が風にサラサラというそよぐような音、昔の門松は今のように切ってなくて、大体が伸ばしっぱなしの笹を立てていたので二階の窓の障子の紙を擦るというような……そんな情景だったんだそうです。

そして、地方の風俗がたくさん入ってくる江戸ですから、竹を斜めに切り落としているものとか、まっすぐに切っている竹のものとかあるんですけれども、根っからの江戸の商店あるいは職人衆というのは伸びっぱなしの笹を松の真中のところにくくり付けて門松というふうにしていたんだそうです。

また、商人のお得意まわりというのは盆暮れに限られておりまして、年始にわざわざ行くことはあんまりなかったようです。ですから、江戸のお正月というと本当にのどかで静かで、骨休めをして一年間の鋭気を養って、それから小正月があけて、ようよう町が動きだすというようなことだったんだそうです。

江戸前というと最初にピンとくるのが江戸前の握り寿司。それから江戸っ子の大好きな鰻です。三番目が天ぷら。これも江戸前とかならずつきます。四番目、これが蕎麦です。これは信州蕎麦とか田舎蕎麦とはまったく違う食べ物ということで、江戸前というのが必ずつくことになっています。

これらの江戸前のメニューができた経緯には、他の地方都市にない江戸の生活――暮らしというものが土台にあります。江戸というのは特殊な町で、人口比が全国と違うんです。

私がこれからお話ししようとするのは文化・文政、化政期、遠山の金さんが活躍していたころで、江戸のかなり後期になります。元禄時代から百年近くたっているこの当時、江戸の市内には百二十万人の人間がおりました。日本全国で三千万人ぐらいのとき、江戸に百二十万人いたわけです。この当時のパリ・ロンドンでもこの半分くらいの人口ですから、本当に世界最大のメトロポリスだったということがいえます。

この百二十万人のうち半分が武士です。「りゃんこが怖くて江戸には住めねぇ」というタンカがありますけど、二人に一人が武士ですから、お侍なんか怖がってた日にはおマンマが食えないわけで、二人向いあっていると片方は必ず二本差しという人口構成です。あと十万人、これがお寺と神社、寺社関係です。残り五十万人が町人か、全国から流入してきた人びと（町人）です。だから故郷は地方にあって、職場が江戸にあるという人がたくさん含まれているんです。

そして、このなかに本当の江戸っ子は六万人、残り四十四万人が地方出身者。ですから江戸っ子の率がたったの五パーセントしかいません。そこで江戸っ子の威勢の良さ、また早口でまくし立てるタンカ。ああいう威勢のいいことを言って、のこり四十四万人のパワーに掻き消されないように自己主張していたように思われます。四十四万人の人たちは今でいう標準語に近いような、全国の言葉がミックスした不思議な標準語を使っておりました。ですから、江戸人口の半分の町人全員が「てやんでぇ、べらぼうめぇ」みたいなことを言っていたわけではなく、本当に少ない少ないその六万人だけがいわゆる江戸っ子という存在であったようです。

武士も国許からきています。参勤交代というもので殿様についてきますから、国許に家族がいる単身赴任者です。また、職場が江戸という四十四万人の商人というのは、伊勢商人、近江商人とまあ上方の人ばっかりです。そこで使われている奉公人は小僧さんにしろ手代さんにしろ、全部自分の国許から連れてきますから、この中に江戸っ子は含まれないわけなんです。ここの商店、例えば三井、越後屋とか大黒屋、布袋屋、白木屋などの大きな商店はみんな男所帯です。女中さんがほとんどいません。お寺や神社も非常に男性の多い世界になります。武士の中にも大奥とか、女性はいるんですけど、まあ十五から二十万人と少ないです。かろうじて江戸っ子六万人だけが三万人ずつの男女比になっているんですけど、圧倒的に男社会なんです。男だらけなんです。

全体でいうと単身赴任者の多い男社会ということで、外食産業が非常に栄えるようになってくるんです。商人は、外食なんかしていると商売になりませんから、家でまかなう、社員食堂という形をとっておりますけど、武士の一部は、外食に頼るようになってしまいます。特徴的なのは少ない庶民。裏長屋に住んでいる熊さん、八つぁんの江戸っ子たちというのは、これも外食に頼っているんです。というのは、江戸の長屋には台所がないんです。九尺二間の裏長屋といいまして、一軒が約三坪で、四畳半一間に土間が少々。収納スペースの押し入れもありません。どうしても家で煮炊きがしたければ、へっつい、かまどを古道具屋さんか何かで買ってきて、オプションで付けるんですけども基本的に長屋はベッドルーム、あそこで煮炊きしようという発想はあまりなかったんだそうです。

そこで彼らも外食をし、どの地方都市よりもお手軽な外食が増え、三食外食というような日常だったそうです。今の東南アジアの方でも、三食外食をしているという風景を見かけますけども、ああいうふうに、屋台で食べる形式が江戸の特徴でした。

屋台ですから立ち食いです。つまり丼物がどんどん生まれてくるわけなんです。丼を手で持って片方はお箸を持つ。一つの丼の中に完結した料理が出来上がっているというのが江戸の特徴で、京の定食、江戸の丼といいます。天ぷらにしても他の串揚げにしても立ったまま食べられるようにしたのが江戸ならではのものです。

このような状況のなかから生まれたのが江戸前の料理の数々ですが、〝前〟には、江戸以外のところで作られていた料理に、江戸なりのアレンジをしたという意味が含まれています。江戸前の寿司は江戸湾でとれた小魚類を使った、寿司というとらえかたがされていますが、それでは四割方しか正確ではないんです。あとの六割は江戸スタイルのお寿司という意味なんです。

江戸の中期ぐらいまで、料理は上方にあり、贅沢をしようとすると京懐石で、すべて上方風の料理を模して、お店にだされていたんだそうです。江戸が独自の経済力を持ち、自信をつけてきた江戸後期になりますと、上方風のものばっかりありがたがって食べているんじゃ面白くないということで江戸前というこれらのオリジナルが出来上がっていくんです。

江戸前の寿司ができるまでは、滋賀の方のふな寿司、大坂の押し寿司、京都のサバ寿司など、ああいう熟成をまたなければ食べられないお寿司しかなかったんです。江戸前の握り寿司ができて、その場で握ってネタとシャリを合わせて食べられるスピーディで新しいスタイルの寿司が誕生したわけなんです。握ったその場で食べられるというのが一番のポイントです。

それから、当時はネタに仕事がしてあるといいまして、味がついていたんです。その上にさらにツメといいまして、煮キリ——ちょっと甘いソースのようなものをつけますから、醤油をつける必要がなく、そのままポンと口に放り込めるようになっているわけです。

特に、片方の手で風呂敷の結び目を押さえていないと首が締まっちゃうしょい商人には人気がありました。左手でグッと荷物をおさえていても、右手だけで食べられる握り寿司がとても簡易でいいと。醬油をつけない、割箸なんかいちいち割る手間もない、一口サイズ、そして屋台で立って食べられる。

それから江戸前の極意が一つありまして、扇型に握るべしと言われています。俵型に小さく握ったシャリの上に、真中が高くなるようにたっぷりとおおいかぶせたネタをあわせるのが、江戸前の正統派の握り寿司といわれています。ですから、クルクルまわっているようなお寿司は、シャリが非常に大きくて、江戸前ではないという定義になります。

できた当初は、珍しいはやり物ですから、ものすごく値段が高かったようです。寿司は二つ並べて五百文（一個二百五十文）、今の一万から一万五千円くらい。それでも飛ぶように売れていたんですが、一年二年とたって江戸中にお寿司屋さんができてくるとドンドン値が下がりまして、最後の方では一個四文（八十円〜百円）にまで値下がりして、小僧さんでもおつかいの帰りにパクッと一、二個つまんでいけるマクドナルドのような感覚にまで廉価になりました。

当時の寿司ネタは、今とはちょっと違います。コハダとアジが中心で酢でしめてあります。まれに生で食べたのが、キス、サヨリといったもので、マグロはあんまり広まらなかったようです。赤身のところはかろうじてヅケ（みりんとしょう油に一晩つけ込んだもの）で食べたんですが、トロは日持ちがしないということで、食べられる状態にはならなかったんだろうと思います。

「ありえないもの。江戸前のトロ」といいまして、トロは人間の食べるものではない。ネコもまたいで通る、ネコマタギと言われておりました。幕末のころの江戸の人なんですが、日記の中にマグロを食べたということが書いてあるんです。「昨夜鮪を喰いたるを人に物語するにも耳に口寄せて密かに話した」。つまり、「昨日マグロ食っちゃったよ」という、ちょっと恥ずかしいものを食べたように人に物語したというくらい、あまり上等とはいえないネタであったということですね。

ですから魚として好まれていたのは、コハダ、アジ、江戸前のアナゴ、キス。キスは一年を通じてけっこう近海でとれたので好まれたんですが、江戸っ子がことのほかキスにこだわったのはもう一つ理由がありました。

実は江戸城の将軍様が一年三百六十五日、毎日キスがどこかにつくような御膳を食べさせられていたんだそうです。これは家康のころからの縁起をかついでおりまして、魚へんに喜ぶという字を書く「鱚」は、縁起のいい魚であるから、上様お召し上がりくださいということで毎日御膳にのったんだそうです。将軍様も食べているんだから俺っちも食おう、ということでキスが好まれたようで、全国のどこよりもキスが好まれた原因が将軍びいきという江戸っ子の気質にあったようです。

当時はウナギの蒲焼《かば》きを、字の通り蒲焼《がま》きと呼んでいたようです。蒲焼《がま》きとはいかなるものかというと大黒様の因幡の白兎に出てくるような蒲《がま》の穂、これの形なんです。

ウナギを筒切りにし三等分してから竹串にグッと刺し、これを囲炉裏ばたに並べて刺して焼きまして、荒塩をパッパッとふりかけたもの。つまり、フランクフルトを食べるように横ぐわえにして食べていたのが、当時の蒲焼《がま》きだったんです。

これは非常に身が固くて油臭いですし、とてもまずかったんだそうです。なぜこんなものが売られていたかといいますと、今でいう駅、宿場の馬方さんたちが休憩するインターのようなお茶屋さんで精力剤として売られていたんです。「ファイト一発！」って時に、蒲焼《がま》きで元気をつけようじゃないかっていうので、薬食いといいまして、まずいけれども販売されていたんです。

赤まむしドリンクのような感覚で売られていたんじゃないかと思います。ところが江戸湾、隅田川の河口のあたりは、とても豊かな水、つまり生活排水が流れて堆積する場所でよいウナギがたくさんとれたんだそうです。生活排水といっても当時は洗剤なんか使っておりませんから、野菜のアクの汁とか、とても栄養分の豊かなものだったので、河口付近の魚はよく育ち、ことにウナギがおいしそうに見えたんだそうです。

そこで、このおいしそうなウナギをもう少し工夫してうまく食べることはできないかと、関西でいうつけ焼きの技術をヒントに取り入れ、開いて串を打ってタレをつけて焼いてみたんです。それで、今の形ができたんですね。

これは見るからに、いかだの形に似ているので〝いかだ焼き〟と呼んで、蒲《がま》焼きと区別をしていたんです。

これが発明されると今までのまずい蒲《がま》焼きは、あっという間にすたれてしまい、いかだ焼きのことを蒲《かば》焼き、蒲《がま》焼きというように混同するようになってしまったんだそうです。

それから江戸の大ウナギブームが始まってくるんです。よく関西の蒲《かば》焼きと比較するときに、「関西の腹開き、江戸の背開き」ということをご存じの方も多いと思います。

あれは、江戸が武士の都なのでウナギといえども腹を割くのは切腹に通じるからよろしくないと伝えられておりますけど、あれは嘘です。

江戸ではウナギ以外のものでも、平気で腹開きをしていますから、ウナギだけが免謝されるわけではないのでこれは本当に嘘なんです。

関西の腹開きは、腹で開きますから串の両端のところに腹身の部分がきます。江戸は背中から開きますからまん中あたりに腹身がきて、串の両端のところに背中がくるわけです。

この違いは何なのか。関西は、ウナギをパリッと香ばしく仕上げたい、この脂身こそがおいしいんだということで腹開きにしてジワッジワと〝地焼き〟といいまして、香ばしく仕上がるように焼いたんです。江戸は背で開いて焼くので、炭火の一番火力の強いところが真中に当たって腹身の脂っこい部分の脂をより効率的に落とすことができ、さっぱりと仕上がるということです。

しかも、江戸はこのように脂を大分落したあとに、さらに蒸して、もっと淡泊にふっくらと仕上げるのが特徴です。

初めのころは婦女子の食べるものではないと言われていたウナギもこの蒲焼《かば》きのおかげで大ブームとなり、老若男女すべての人がウナギを食べるようになりました。

お坊さんも本当はお精進ものしか食べませんので、ウナギなんかもってのほかなんですが、いろいろ工夫して食べていたんだそうです。

昔は「山芋が海に入ってウナギになる」、あるいは「ウナギが歳をとって山に入って山芋に変わる」というようなことわざがまことしやかに言われておりました。それで、うなトロ丼というのを発明するんです。

うな丼の上に、トロロをかけてウナギを隠し、いかにもトロロ飯を食べているふうにしてうな丼をかっこんでいるお坊さんが多かったんだそうです。トロロもウナギも非常に精力がつくということで、本当に絶倫和尚といいますか、そんなにお坊さんが精力をつけてどうするのかって理解に苦しむんですけど。そこでウナギのことをお寺の符丁、暗号で山芋って言っていたそうです。

ウナギ以外にも生臭いものを色々符丁を使って食べていたようで、貝のアワビをふせ鐘と呼んでおりました。形が似ていますね。

タコは天蓋、虚無僧の人がかぶるあの天蓋です。「天蓋の酢の物にしようや」なんて言い方をしていたんですね。

エビは加熱するとまっ赤になりますから緋の衣、「今日は緋の衣で一杯やろうじゃねぇか」、といったらエビを焼いて塩焼きにして食べようじゃないかということです。紫の衣といいますとイワシのことです。イワシは紫の光沢がありますね。

ドジョウは踊り子。ドジョウがバシャバシャと跳ねている様がいかにも踊っているようなので、「踊り子鍋にしようや」と言ったらドジョウ鍋のことです。

面白いのが卵で、御所車。「御所車でとじとくれ」という使い方をするんですが、なぜ御所車なのかといいますと、中に君がおわす……。

浅草の駒形《こまかた》に「駒形どぜう」という暖簾のかかった老舗がありますが、江戸でも「どぜう」と「どじやう」と分けて書いていたんだそうです。これは見ただけでドジョウがどういう状態かわかるんだそうです。「どじやう」と書いてあるときはドジョウが生きている状態、すでに料理になっているドジョウは「どぜう」といったんだそうです。つまり、「どぜうすくい」はないんですね、「どじやうすくい」はあるんですけども。ですから「どじやう」鍋もないわけです。

江戸前の天ぷらができる以前の天ぷらは、東京でいう薩摩揚げのことで、魚肉を練って山芋などのつなぎと合わせて形を整えて、それを揚げたものでした。

今でも九州や西の方では、ゴボテンといえばゴボウの衣揚げではなくて、ゴボウの入った魚肉の練り製品のことだそうですが、あれが本来の天ぷらの形だったんです。でも江戸っ子はせっかちで気が短いですから、魚肉をすりおろして裏ごしして、つなぎと合わせて食べるという手間を嫌ったんだそうです。そこで、魚の切り身に粉をつけて揚げちゃえばいいじゃないかということで江戸前の天ぷらというのができてきます。

当時は、前日に売れ残った生魚がもったいないので、なんとかして食べようということで始めた、非常にこれも下衆なものです。

決して高級魚ではない小柱、芝エビ、青柳などを荒くきざんで混ぜ合わせ、当初はかき揚げ、そういう形で食べていました。もうちょっと大きな切り身は串揚げ、竹串に刺してお客の目の前で注文を聞いてジュッと揚げて一本いくらで売る。

これは一本四文です。非常に廉価です。これも屋台で、立ち食いをして二、三本つまんで職人さんが行く。風呂敷を背中にしょった、しょい商人も背中の荷が重いですから風呂敷の結び目を左手で押さえて右手一本で串揚げを何本か食べるという形でした。

今ですと天ぷらは非常に高級品になっておりますが、お座敷で天ぷらを商うようになったのは、大正に入ってからなんだそうです。明治の頃も屋台食いが主、あるいは上框《あがりがまち》に、ちょっと半分だけ腰をかけさせて食べるという、お手軽なものだったそうです。

江戸の天ぷらの特徴は、ゴマ油でカラリサクサクと揚げることで、かならずカラリサクサクしておりました。そして、まっ茶色に揚がります。

関西の天ぷらはカヤの油を混ぜるので、白くふっくらと揚がるんだそうです。

また、江戸前のお店で出す天丼は、ふたをしないのが原則なんです。なぜかといいますと、もとは立ち食いですからふたを取るとお箸が持てないんです。

関西の天丼はたいていふたをしてきますから、しんなりとしています。しかも蒸気が回って渾然一体となっています。関西の丼物は江戸から見ますと汁かけ飯っていうふうに見えるくらい、ごはんがおつゆでグッショリしています。

これは江戸前ではやっちゃいけないことでして、ごはんはごはんで真白、天ぷらは天ぷらでつゆにサッとくぐらせて、真黒く味をしめらしたのをボンと、カラリとのっけるということで、渾然一体とならないわけなんです。

江戸の特徴のひとつはここにあります。ひとことで言いますと江戸の調理方法は口中調味、つまり口の中に入れて嚙み砕くことによって両者が混ざって味になる、できあがる。

それに比べて上方の料理は丼、あるいはお皿に盛った時点で、もう味が決定しているんです。

わかりやすいのがウドンとそばです。ウドンはおダシが中心で、丼の中におダシを張ったキツネウドンがあったとすれば、その中でだいたい味が完成しているんですが、江戸はほとんど味のないもりそばをおつゆにつけて、しかも口の中に入れないと両者が混ざらない。おそばも口中調味の代表選手です。

江戸前の天ぷらは衣が厚いことに定まっております。

エビじゃなく、サクサクの香ばしい衣を食べたいんじゃないかというくらいに衣を大きく見せる秘術をほどこします。衣に花を咲かせるといいまして、揚げている最中に菜箸で天ぷらの衣をパッパッパとふりかけるわけなんです。そうやって、十五センチのエビを三十センチくらいに引き伸ばして、丼にのせたようです。

今でも浅草の雷門の両側にあります〝尾張屋〟というおそば屋さんでは、昔気質の江戸伝来の秘術を伝承しており、一口めではエビが出てこない天ぷらを揚げ続けております。江戸前だと思います。

おそばといいますと、引っ越しそば、年越しそばがイメージされるかと思います。私たちはずっと、忙しいからそばですますんだ、大晦日の忙しいときはそばでササッとすませてお正月を迎えるんだと考えております。ところがこれが大きな間違いでして、大晦日が忙しくなったのは、ずいぶん近代に入ってきてからのことだったようです。

江戸の大晦日は、やることがなくって、ゴロゴロしていたんだそうです。十二月十三日が大掃除、すす払いといいまして、家の中を小ざっぱりときれいにしてしまいますし、門松なども一夜飾り、一晩で飾ってしまうのは縁起が悪いということで、二十九日とかに取り付けてしまいますから、本当に大晦日はやることがないんだそうです。

そこで一家の主が、「暇だからそばでも打って家族に食わせてやろうじゃないか」、「お父さんの腕前を見せてやろうじゃないか」ということで始めた男の料理。おそばを打って家族そろって食べて新年を迎えるというイベント行事——つまり、お父さんの活躍どころだったそうです。

これに対して、ウドンは忙中食といいます。忙しいさ中に食べる食べもの、つまり腹ふさぎです。

おそばは閑中食なんです。「暇だからそばでも食おうや」ということになるんです。また、そばは引きたて、打ちたて、茹でたての三たてを極意としますので、作り置きもしないんです。

江戸のそば屋に入りますと、もりが出てくるまで四十分くらい待たせられるんだそうです。そこで江戸のそば屋には必ずお酒とちょっとしたつまみをおいておく。それがなければ江戸前とはいえないんです。お酒をチビチビやりながらそばが茹であがってくるのを待つ、ということが江戸前のそば屋の大特徴なんです。これはどちらかというと食事に入るのではなくて、喫茶店、あるいはパブ、ちょっとした呑み屋に入るというような感覚で、大人のサロンとしてそば屋が機能していたようです。

ですから江戸のおそばの量は非常に少ないんです。あれは酒のあてといいますか、つまみで、食事としてそばを食べるのは野暮な奴等だといわれてしまいます。うちの祖父のあたりまでも、時分どき、つまり十二時から一時まで、夜六時から七時までの間にそば屋に入るなと言われて育ちました。ですから、昼には遅くて夜には早いような半端な時間にフラッと入るのがそば屋なんだよ、というようなことを一応江戸っ子を自認していた祖父などは申しておりました。そしてお酒のことをそば前――そばの前に飲むものと決まっております。うどん前ということはないようなんです。

江戸では寿司もウナギも天ぷらも、間食なんです。おやつ。寿司にしても立ったまま二、三個つまんでスッと行く。ウナギもサササッとかっこんでスッと行くという形で、丼も今でいうとお茶碗サイズの小さいものです。

江戸の特徴のひとつは自営業が多いので、まとまってご飯を食べないことです。どこで休もうと自分の勝手ですから、お腹が減ったから食べるんであって、お昼になったから食べるわけではないんです。

江戸の人のほとんどは、一日二食、三食と定まったときに食べずに、好きな人は一日五回でも六回でもチビチビ食べているし、ドカ食いが好きな人は一回だけドカーンとお腹いっぱい食べるというように、てんでバラバラに食事をとっていたようです。そこで、好きなものを好きなだけというような屋台売りが繁盛したようです。

ひとつの料理屋さんでいろんな料理が頼めるというような料理は、明治以降じゃないと出てこないということです。（談）

（「ふーま」日本食品機械工業会、一九九四・五、八）

お江戸の食事情

江戸末期の人口は百二十万人に達し、当時のパリやロンドンをしのぐ大都市。その半分は武士階級で、何も生産しない消費者。残り半分が商人・職人などの町人、つまり生産者という構造です。参勤交代で地方から出てきている武士、結婚を許されていない奉公人、独り身の職人などシングルの男性が多いのが特徴でしょうか。そんな人々の住まいが長屋です。長屋というと、貧乏臭く感じるかもしれませんが、将軍様の近くに住む、誇らしいワンルームです。仕事がない日でも、朝から家を出て、銭湯の二階や床屋、神社などで世間話をしたり、ぶらぶらしたり……、暇をつぶす場はいくらでもありました。今でいうところのフリーターが多く、仕事も食も個人主義が徹底していました。

庶民というのは、家を持たない借家住まいの人を指しますが、その代表格がこれら長屋の店子（家賃を払って住む人）でした。時代劇では入ってすぐ土間に、台所らしきものが付いていますが、実は無い方が多かったんです。神田、日本橋など一等地の長屋ほど台所が無かった。ごはんを炊くへっつい（飯炊き釜と台）はオプションでした。おかみさんがいても、共稼ぎが多くて外食するか売りに来るのを買うのが普通で、煮炊きしません。今でいうＤＩＮＫＳですが、生活費のほとんどがエンゲル係数！三食きちんと食べたのは武士や商人など集団生活を営む層で、庶民はすきなとき、すきなものを食べていました。

当時の経済基盤は米、武士の給料も米で支給されました。ですから江戸には米が集められて、庶民でも白米を食べていたんです。米を作るお百姓さんは稗《ひえ》や粟を食べていたのに。将軍様と同じ、まっ白な飯、銀シャリを食べるのが江戸っ子の自慢でした。また、鱚《きす》は将軍様が毎日食べる魚ということで人気がありました。お寿司が発達したのも、豊富な米プラス江戸前の魚と考えると、よく理解できるでしょう。

ところで、この銀シャリは脚気をもたらしました。なにしろ庶民は一日米五合、たくあん三切れで飯三杯かっこむといわれるほど食べたんです。米は精米するとビタミンB_1も削られてしまいます。箱根の山を越えて湯治に行くと治る……、つまり宿で出される麦飯や、他の穀物類を食べると解消されるんです。しかし当時は、脚気の原因がわからず〝江戸病《えどやまい》〟と呼んでいました。

江戸では火事があまりにも多く、庶民は、家具や着物など燃えてしまうものにお金をかけるのは馬鹿らしい、今日いいもんを食べておかないと明日はわからない、そんなふうに考えていたんです。よく「宵越しの銭は持たねえ」って言いますが、職人の賃金が日払いだったため日銭が入ります。パーッとやっても明日また働けばいいや、と気楽でした。食べ物の他にも観劇、相撲など後に残らない娯楽を〝消え物〟と呼び、それにお金をかけるのを粋としました。

屋台で気軽につまむ握り寿司、蕎麦、天麩羅はいわばファーストフード。これらは日頃の食事とあわせて、すべて〝食い物〟と呼ばれました。それに対して〝料理〟はきちんとしたプロが作ったもの。年に数回、たとえば婚礼のお膳などで、庶民にはめったに口にできない特別なものでした。それが、庶民でも気軽に頼める仕出し屋がたくさん現れ、お花見用の弁当などを注文しました。また毎年、人気惣菜を載せた『おかず番付』が出ると、人々はそれを見て注文したのです。

イベントのご馳走と、ふだんの食事はまったく別物。つまり料理がハレ、食い物がケと明確に分けて考えていたんです。ここぞというときは太っ腹でいるのがカッコイイんですね。

江戸っ子が好んだのは、初物でした。なかでも鰹は、四月の初鰹を食べると七百五十日寿命が延びるとされ、半年も自慢しました。だから食べないと、半年は自慢できず悔しい思いをする。本当は九月の戻り鰹が旬なのに〝猫またぎ（猫でも食べない野暮な魚）〟と馬鹿にしたんですね。

珍しい物も喜びました。〝逆転卵〟なんて現在でも、どうしても作れないものがあるんですよ。百に一つしか成功しない幻の卵。単に黄身と白身が入れ替わったゆで卵ですけど。どうだ、スゴイだろって言えることが大切なんですね。

初物に通じるのですが、今でいうハウス栽培が行われたのも江戸時代です。貝割れ大根など石炭の熱を生かして作られました。贅沢品として、幕府はしばしば禁令を出しているほどです。上方の実質主義とは対照的に、無駄、新しさ、遊びを期待するのは、現代に通じる感覚のような気がします。

月が出ている時間に限っては、屋台は夜通し営業もしました。街灯もネオンも無いのに、不思議に思われるでしょう。高い建物の無い時代、月はそれほど頼りになる明かりだったんです。真夜中でも、屋台が来てくれるなんてシングルの男性には有り難いですよね。

よく明治の牛鍋以前は、肉を食べなかったと言われますが、結構食べていました。四つ足では猪、熊、鹿、兎、狐、狸、猿。鳥では鶉《うずら》、雉《きじ》、鵯《ひよどり》など鍋にしていました。お歳暮に家鴨《あひる》や軍鶏《しゃも》を一羽下げて行くのは大したことで、鶏はその次のランクでした。

今でいうグルメ情報的な『豆腐百珍』『大根百珍』『卵百珍』などの献立が発表されると、さぁ食べてみようぜ、と面白がる。実際には、とにかく百種類集めるために考案されたような代物も含まれていたんですが……。

食文化で比べると、どうしたって格が上なのは、上方です。料理人も上方で修業するのが普通ですから。それを心得ていて、あえて奇抜さで勝負する、反則勝ちを狙うのが江戸っ子です。

それに比べ武士は、決まったメニューを邸内で調理して食べていたから変化が乏しかったでしょうね。

よく関西と対比される醤油味は、なぜポピュラーになったかというと、まず醤油がうけた背景があり、それは鮮度の問題がありました。一心太助みたいな魚屋がピチピチの魚を担いで売りに来ることは少なかったんです。実は、干物が多かったので味をよくするのに醬油が好まれたわけです。もちろん昔から醬油はありましたが、上方産でした。江戸まで運ばれるのは〝下り醬油〟といって大変高価でしたから、庶民に手が届かず、岩塩で味付けしていました。それが野田や銚子で醬油が大量生産されるようになって、安価で美味しい醬油が一般化しました。そうして天明の〝蕎麦ブーム〟が生まれたのです。蕎麦つゆの醬油味が、オールラウンドに使えることを人々が知ったんですね、こりゃいけるって。いろんな調味料に使われて、現在に至っているわけです。

蕎麦は、せっかちな江戸っ子が好んだ気軽なスナックでした。私は、愛宕《あたご》下生まれ、生家は京橋の呉服屋という環境で育ちましたが、おふくろの味は、と聞かれても、全然思い浮かびません。母も私も江戸っ子らしく、料理をしないんです。

そんな私が、両親にうるさく言われたのは蕎麦の食べっぷりです。蒸籠《せいろ》の上に一本も残すな。三分の一以上は、つゆをつけるな。一味と七味があったら、まずは一味からかけろ、七味から使うなんて野暮だ、と。蕎麦屋に入る時間は食事どきをはずします。昼間なら二〜四時、コーヒーを飲むように、さっと。蕎麦でおなかいっぱいにするなんて野暮です。元来、蕎麦は酒の肴だったので、酒のことを〝蕎麦前〟と呼んでいたくらい。今では、もう通じない言葉ですが……。

私がおなかすいたときに考える食べ物って、蕎麦だけなんです。日が暮れると、お酒と蕎麦しか口にする気になりません。お酒に蕎麦！　これだけで満足ですね。（談）

（「PRIO」一九九四春）

江戸の羊羹物語

お茶の文化は京都や大坂が中心で、江戸にはなかなかやってきませんでした。江戸の人々がお茶を飲み始めるのは、ようやく時が落ち着き、好景気となる元禄年間でしょう。元禄三年（一六九〇）に宇治の茶商、山本嘉兵衛が日本橋に茶舗『山本山』を創業したのが江戸のお茶文化の本格的な始まりです。

この『山本山』の当主は代々嘉兵衛を襲名しますが、四代目の嘉兵衛の時代に革命的なできごとが起こります。元文三年（一七三八）のある日、日本橋の嘉兵衛のもとに京都宇治の茶商、永谷宗円が現れる。彼は新種の製造法で作り出した「揉念茶《じゅうねん》」を売り込みにきたのです。「揉念茶」は現在の煎茶とほぼ同じもの。四代目はこのお茶を気に入り、永谷宗円と独占販売契約を結びました。そして、それを江戸で販売すると大人気になる。このブームによって、以後、江戸では宇治茶が他のお茶よりももてはやされることになりました。

とはいえ、こうしたお茶を飲んでいたのは高級武士や豪商など、ごく一部のお金持ちです。彼らは自分の身分を誇るように、お客が来た時にお茶でもてなしました。当時のお茶は今の言葉で言うとステイタス・シンボル。江戸のハイクラスの人たちは、ひとかたならぬ熱の入れようで、いいお茶を得ようと躍起になっていました。そんなブームを反映して、お茶は上役上司への付け届けの代表になり、裏社会では、旗本などへの賄賂としても活躍していったのです。

お茶が流行ればお茶請け選びにも熱が入ります。これもやはり京都の茶の湯文化が江戸に伝わったものですが、江戸でもお茶請けには甘味がもてはやされました。当時、甘味の原料である砂糖は貴重品。かぎられた人にしか味わえないどころか、不老長寿の仙薬と信じられていました。

砂糖は薬屋で売られていたのです。太平の世になり人々の趣味嗜好はどんどんふくらんで、砂糖の需要は増えていきます。その頃の砂糖は、中国、台湾、シャム（現在のタイ）、インドネシア、カンボジアなどからの輸入品で、中でも台湾製の三盆、頂《ちょう》番《ばん》、並白《なみしろ》という三種の白糖は、風味もよくとくに珍重されました。この輸入糖を得るために、金銀の国外流出ははなはだしく、国政の足元を揺るがすほどでした。経済に強かった八代将軍の吉宗は、この状況を憂いて国産の砂糖の開発をさかんに奨励しました。

日本にサトウキビが植えられたのは、江戸初期、慶長年間（一五九六〜一六一五）です。しかし、栽培は長らく軌道に乗らず、国産の白糖が登場するのは宝暦元年（一七五一）まで待たなければなりません。この年、讃岐（香川県）産のサトウキビから白糖が精製されました。

事業を取り仕切ったのは、江戸時代の発明という発明のほとんどが彼の手によったという大天才、平賀源内です。源内の精製した砂糖は、それまで国産ではできなかった純白のもので、台湾産に比肩する品質でした。讃岐は源内の故郷。出身地の地場産業作りの目的で企てられた砂糖事業は大成功し、この時源内が生んだ「三盆白《さんぼんしろ》」「雪《ゆき》白《しろ》」という極上砂糖は、基本的な製法を変えずに、「和三盆」として現在も高級和菓子を支え続けています。

こうした源内の成功によって、砂糖はしだいに手に入りやすくなりました。とりわけ将軍のお膝元だった江戸にはたくさん入り、幕末には煮物や蕎麦つゆなど、さまざまな料理に使われていきます。源内の発明から五十年ほど経った江戸の砂糖消費量は一日六百四十斗。源内以前に比べて数十倍になりました。天保（一八三〇〜四三）の頃には砂糖需要は醤油、鰹節とならぶまでになり、かくて甘くて辛い江戸前の「濃い味」が確立したのです。

砂糖の普及は、当然、和菓子の製造にも拍車をかけ、江戸のハイクラスたちは、お茶に甘味を添えてお客をもてなすようになりました。数ある菓子の中でも、もてなし菓子の王座にあったのは羊羹です。羊羹の本家は中国で、奈良時代に遣唐使によって日本に伝えられましたが、伝来した羊羹はその字が示す通り羊の肉や肝臓の羹《あつもの》（スープ）でした。当時の日本は仏教一色で獣肉は禁忌していましたので、赤小豆の粉に、小麦粉、葛粉、すりおろした山芋を合わせ、本家に似せました。これが後に砂糖と結びついて、棹《さお》羊羹が誕生するのです。

羊羹も他の和菓子と同じく関西に早くから名店が生まれました。有名な「とらや」が京都御所前に店を出したのは室町末です。かたや江戸に羊羹専門店が出来始めるのは寛政（一七八九〜一八〇一）の頃。「喜太郎」「紅屋志津磨《べにやしづま》」といった店が練り羊羹を売り始めたのです。

羊羹をすなおに食って睨まれる

　その頃、誰かの家に招かれて、もし羊羹が供されたら、自分が大歓迎を受けていることの証拠でした。そうなれば当然、供するほうも客の格によって細工をします。後で「金持ちのくせに羊羹を出さない」などと言われては沽券にかかわりますから、いちおう出すには出すのですが、客によって厚さを変えたのです。当時の羊羹の切り方には、自力では立っていられず皿に張り付く薄いものから、香箱ほどもある重量級までありました。

　けれども、お客としては出された羊羹を、そのままぱくりとやるのは要注意。まかりまちがうと前出の川柳のような状況になるわけで、お茶とともに羊羹が出されたら、お茶だけ飲んで羊羹は残すのがベターでした。お客が残せば羊羹は、戸棚にしまわれて次のお客が来ると同じ羊羹を出す。さらにお客が残すと再び戸棚へ戻す。これを繰り返していくうちに、羊羹は砂糖を噴いて白っぽくなってきます。そうなるともう人前には出せない。この期に及んで主人の渋茶の友になるわけです。

　まったく今思うと涙ぐましい光景ですが、いくら砂糖が普及し羊羹専門店が出来たとはいえ、それほど貴重だったのでしょう。羊羹と同じく中国から伝わったものに饅頭がありました。この饅頭の中に小豆の餡が入るのは室町時代からですが、その頃の饅頭の中身は餡とはいっても、塩味の勝った「塩餡」です。江戸になっても状況はさほど変わらず、「十字」と呼ばれた饅頭が流行りましたが、中身は茗荷、紫蘇、根菜の煮しめたものでした。

お茶請けに羊羹を食べるのをとっておきの楽しみにしたハイクラスの一方で、長屋の庶民はどうしていたのか気になります。調べてみると彼らの生活は本当に質素です。羊羹はもとより肝心のお茶すら手にできない毎日。お客さんがくると白湯《さゆ》でもてなすのが精いっぱいで、お茶請けもお新香や佃煮、煎餅があれば上出来でした。

江戸の庶民的なお菓子というと、煎餅、団子、大福などの米・餅菓子です。江戸中期に武州の草加（現在の埼玉県草加市）で米粉を練って丸く焼いた煎餅が作られ始めると、それが江戸に流れてきます。江戸っ子好みの甘辛の醤油タレを塗って焼くと、なお人気が高まりました。なにせ一枚一文（現在の貨幣に換算すると数十円）ですから、飛ぶように売れました。

かたや団子は、一串五個刺しで五文。街道の茶店などで売られました。茶店というとお茶を売りものにしているように錯覚しますが、今でいう喫茶店は「水茶屋」「立《たて》場《ば》茶屋」といって、「水茶屋」ではお酒が中心で、「立場茶屋」では香煎《こうせん》、麦湯でした。

江戸時代はお茶よりお酒のほうが安く、大衆飲料として普及しました。当時の江戸は水の質が悪く、おいしい水はお金を払わなければ飲めませんでした。多摩川辺りから汲まれてきた水は一杯四〜八文です。安酒が屋台で同程度。煎茶は水茶屋で飲むと一杯百〜三百文はしましたので、喉が渇けば水やお茶よりもお酒となるのは当然です。

お酒が好きな私にとっては、喜ばしい時代ですが、当時の人はお茶を毎日飲める世の中を願い続けたことでしょう。今では煎茶を供してお金を取るお店は、数が少なくなっています。ほとんどのお店ではお茶は無料サービスです。そこには、お茶を誰もが飲める世こそ豊かな世の中、という江戸以来の思いがあるのではないかと思えてなりません。万人がおいしいものを味わえるのは、確かにいい世の中です。でも、なかなか口にできなかった時代にあった、お茶や羊羹を大事にしようという気持ちがなくなることは寂しい気もします。

砂糖が噴いてくるまで羊羹をとっておくのもどうかと思いますが、とっておきのお茶請けをいいお茶でじっくり味わうのに躍起になるような江戸の粋人の気骨は捨てたくありません。そうでなくては、白湯と煎餅に甘んじてきた長屋のご主人に顔向けできなくなってしまいます。

（「別冊サライ」一九九九・七）

江戸の麵事情

安永五年（一七七六）、江戸市中で一冊の黄表紙が発表されました。当時は大量印刷するような技術はありませんから、本は貴重品です。そのため貸本屋があって、当時の人は図書館で借りるようにして本を読んだのです。

その黄表紙の作者は恋川春町《こいかわはるまち》。すでに何作もヒットを飛ばしていた当時の流行作家です。ちなみに黄表紙とはいわゆる大衆文学で、時の庶民生活が題材になりました。芭蕉や西鶴のような評価は受けませんが、黄表紙は時の世を映す鏡であり、これが今に残っているから江戸の事情がわかるともいえます。

歌舞伎や浄瑠璃に取材したものから、子供も読める『桃太郎』など、いろいろな種類の本が出版されました。そのなかで恋川春町が描いたのは、空想と人を茶化すような洒落が盛り込まれた滑稽の世界です。画才にも優れ、ナンセンス漫画のように読みやすい。しかもその発想は荒唐無稽ではなく、時世をとらえて野暮を嘲笑するので、恋川の作品が今時の流行の先端だと信奉する人が多かったのでした。

さて、その恋川の安永五年の作品というのは『うどんそば　化物大江山《ばけものおおえやま》』といいます。

舞台は京都。洛中に夜な夜な出没して人々からお金を巻き上げる化物を、腕自慢の武士が退治していくという筋立ては、京都北部の大江山に住む酒呑童子《しゅてんどうじ》を退治した源頼光の伝説をもとにしています。それを恋川は、化物の名を「うどん童子」へ、源頼光を「源そばこ」に改名して話をつづっていきました。

源そばこは、「うすいの大こん」「うらべのかつをぶし」「坂田のとうがらし」「渡辺ちんぴ」という四人を従えて大江山に向かいます。そして、途中でひとりの老人からうどん童子にもっとも効果的な武器を授かります。それが「浅草の市で買いたる菓子の麺棒」。これを持って源そばこたちは、うどん童子の寝込みを襲って一気に退治しました。

そして、恋川は最後にこう結びます。

〈されバそば切りハ、心のままにうどんをしたがへ、一天に名をひろめける。さるニよつて江戸八百八町ニも、そばやとよぶ其数あげかぞへがたれども、うどんやと呼ぶハ萬が一なり〉

こんな物語を当時の江戸っ子たちは歓迎したのです。それは「やっぱり江戸っ子はそばだぜ」という風潮が広がっていったことを物語っています。たしかに、それまでうどん屋がそばを出していたのが、看板をそば屋に改めて、ついでにうどんも出すというふうに変わってきたのも安永の頃でした。この時代は世が落ち着き始め、生活のさまざまな部分に江戸らしさが出始めてきた時期です。それはやがて文化文政の時代に爛熟期を迎えました。

味覚に県民性や国民性があるということは否定しませんが、うどんとそばに関しては、味の好みというよりも暮らし方の違いが大きかったようです。信州などそばどころに近かったことも、江戸でうどんよりそばが受け入れられた理由のひとつでしょう。しかし、それは一面的な見方で、江戸っ子がそばを選んだ理由はほかにもあります。それは大坂とは違った人々の生活、つまり、そば食を選ばざるを得なかった江戸ならではの生業《なりわい》のあり方です。

当時、一日三食の生活をしていたのは武士と商人だけでした。武士には仕える先があり、商人には大切なお客さんがいましたので、仕事を放り出すことができません。そこで当然、食事の時間が決められてくるわけです。かたや職人となると、多くが自営業で早く仕事を仕上げる腕さえあれば、途中でいくらさぼっても挽回がききます。そうした職人たちの食生活は、食べたい時に食べるというもので、江戸の食文化は、そんなマイペースな暮らしをする人たちが作ってきたのです。

朝飯前、朝飯、朝飯後と、職人の食生活は間食文化です。主食なんてなかったといってもいいくらい。そんな職人たちが男性人口の八割も占めていたので、お腹に溜まらないそばが流行《はや》っていきました。その反対に大坂は商人の町。商人はお客がいるうちは、食べる暇を惜しんで働かなければなりません。そのため短時間でお腹が膨らむうどんが喜ばれたのでしょう。「忙しくて時間がないから、うどんでもかっこんでおこう」というのと、「今日は仕事をする気にならないから、そばでも食って時間をつぶそう」という生活の違いです。

とはいえ、江戸にうどんがなかったわけではありません。鍋焼きうどんと小田巻蒸しだけは江戸時代を通じて江戸っ子の人気メニューでした。鍋焼きうどんは今とそれほど変わりませんが、小田巻蒸しはしっぽくのようなものでした。それらは冬場のしかも夜に限って屋台で売られていました。「夜食はうどん」と決めていた人がかなりの数いたのだと思います。それが証拠に、夜回りの屋台がたびたび火を出すので、禁令が出されましたが、それでもうどん屋台はなくなりませんでした。需要があったら禁を破っても売る人がいたのは、いうまでもありません。

寝しなに食べても、うどんなら翌朝もたれない、ということも知っていたのでしょう。機を見て敏に動く臨機応変さは、江戸だけでなく大坂も含めた都市生活者の特徴です。しかし、そこに「粋がる」感性が入るのが江戸文化の個性です。江戸っ子がうどんを食べる姿は、堂々としていません。どこか人目をはばかるように描かれるのが常です。昼間のうちはうどんよりそばだと粋がっているわけですので、夜な夜な襲ってきた空腹感に耐えかねてうどんを食べるのは、人目を忍んでするることだったのです。そんな可愛らしい意地っ張りが、江戸の庶民文化をほほ笑ましく見せるところです。

ところで、江戸っ子は、鍋焼きうどんの薬味に胡椒《こしょう》を使っていました。合うのやら合わないのやら、私は試したことがありませんが、粒胡椒をひいた薬味が当時からあったのには驚かされます。ちなみにその頃、そばには、七味唐辛子はもとより、大根卸しや梅干しとバラエティに富んだ薬味を使いましたが、胡椒を入れるということはありませんでした。

また、女性や子供たち、さらにはお年寄りは、そばよりうどんをよく食べました。家で作るときは、そばは小麦粉の配合その他でむずかしいのですが、うどんは小麦粉と塩と水があれば、素人でもなんとか格好がつきます。そのため、そばは外食、うどんは家で食べるものとなりました。当時の外食は男たちの特権的な楽しみですから、必然的に女性や子供はうどんになったわけです。お年寄りがうどんを好んだのは消化がよかったからでしょう。また、夜回りのうどん屋は夏場には小麦粉で白玉の冷菓を作って、昼間女性や子供に売っていたのです。

もし、どっちを取るかと聞かれたら、私はそばを取るでしょう。うどんはどうもお酒のあてになりません。それに丼いっぱいがどうにも私には重いのです。でも、そんな考えも讃岐に行って少し変わりました。香川県では喫茶店にうどんを置いていたりして、好きな人ですとうどんをはしごするという食べ方をします。あれは江戸っ子のそば食いに近いですね。うどんでもそうした食べ方があるのだと目から鱗が落ちる思いでした。

それに比べて関西では今でも昔ながらの食べ方をしています。添え物にかやくご飯やお稲荷さんを出してくれるうどん屋さんがあります。やっぱり今でも関西では、うどん屋さんは主食を食べる場所なのです。自分の好みとは別にそのこだわりもあっぱれ。江戸時代のように江戸は職人の町、大坂は商人の町などといえなくなりましたが、それでも食文化は変わりません。

どちらが暮らしに合うかで、形作られていったそば文化とうどん文化。それは、やがて暮らしに合うからでなく、「好み」として、その土地の食文化になっていきました。どっちがいいのかなんて議論は意味がありません。両方楽しめばいいのです。やっぱり東京のほうが美味しいそば屋さんが多いように思いますし、美味しいうどんは関西のほうが多いでしょう。

関西のうどんの美味しさは、昆布の出汁《だし》でしょう。江戸にはこの昆布出汁の文化がありませんでした。安永以前にうどん屋が流行っても、幕末まで夜回りのうどん屋の鍋焼きうどんが好まれても、江戸の出汁はかつを出汁です。これで食べたので江戸のうどんはずいぶん重いものになったのだと思います。もし、昆布の出汁があったら、恋川春町の『うどんそば 化物大江山』のヒットはなかったのかもしれません。

（「別冊サライ」一九九九・十二）

カレーライス隆盛の秘密

新しい食が定着する背景には、必ずそれを受け入れる下地の存在が考えられます。江戸時代、禁忌とされていた肉食が明治以降急速に広まったのも、「薬喰い」と称するジビエ食（熊、鹿、猪、狐、狸、兎、猿、鯨、鴨など野生の動物を食べること）が、秘かに行なわれていたからにほかなりません。

それは、カレーライスにもあてはまるはずです。カレーライスが「国民食」といわれるまでに広まった背景には、江戸期の「ぶっかけ飯」とか「かけ飯」といわれた食事があったからでしょう。

この「ぶっかけ飯」は、つまり何かをご飯にかけて食べる習慣で、室町時代に武将が好んで食べたなどともいわれる戦時の急ぎ飯です。こういう習慣がなかったら、カレーをライスにかけて食べるというアイデアは生まれなかったし、その大発展もなかったかもしれません。

室町の「かけ飯」は名のある方々が食べたので記録にも残りましたが、記録には登場しない名もなき庶民も「かけ飯」を食べていたのでしょう。庶民の暮らしが記録されはじめるのは江戸時代からですので、ともあれ文献を頼りにカレーライス隆盛の背景を求めて江戸の町を歩いてみましょう。

まず、江戸の町には「胡椒飯《こしょうめし》」というぶっかけ飯がありました。カレーライスとスパイシーという点で共通するのが、この胡椒飯でしょう。胡椒は当時、口中清涼剤として歯磨き売りや生薬屋で売られていました。主に粒胡椒ですが、カリッと噛んで爽快感を楽しんでいたのでしょう。胡椒飯はご飯の上に魚のヅケの薄切りや、ちりめんじゃこなどをのせて割胡椒をまぶし、だし汁をかけるものです。これはどちらかというとオツな食べ物でした。

そこへいくと「奈良茶飯」というぶっかけ飯はポピュラーで、よく食べられていました。これは現在でも奈良にある緑茶で炊いた茶がゆとほぼ同じもの。夕方になると町のあちらこちらに屋台が出て、一杯飲んだ後に腹ごしらえする若衆でにぎわいました。人気の秘密は味のよさだけではなく値段の安さ。夜鳴き蕎麦より安いのです。蕎麦が十六文という時代に奈良茶飯は八文からありました。

それから、江戸中期に開発が始まって漁師が住み着きはじめた深川にもぶっかけ飯が登場します。今でも残る「深川飯」です。現在の深川飯は浅蜊《あさり》をご飯にまぜて炊く炊き込みご飯ですが、江戸時代の深川飯は根深ねぎをざくざく入れた浅蜊の味噌汁を、ご飯にぶっかけてじゃぶじゃぶ食べるものでした。そのほかとろろ汁のぶっかけ飯など、江戸のかけ飯の大半は「汁もの」です。かつおでだしをきかせた醤油汁を使うのがぶっかけ飯の王道で、味噌汁をかけるのは急場しのぎ。また、お茶漬はぶっかけ飯とは別のものとして楽しんでいたようです。

こうしたぶっかけ飯がカレーライスの育ての親の「ひとり」だと考えられます。そして、もう「ひとり」忘れてはならないのが「あんぺい」という江戸時代のあんかけ料理。これは汁に小麦粉を混ぜたものです。この「あんぺい」がカレーライスのとろみを生んだのだと思います。ちなみに「あん」は飴状のものという意味。

ただ、このあんかけは麵料理になじみ深く、逆にご飯を使った料理はありません。そうなると日本初のあんかけご飯がたぶんカレーライスで、それは江戸の汁かけ飯とあんかけ麵との家庭にきた養子といえるのではないでしょうか。

この子どもの本当の親は明治維新以後の西洋文化。もっというならインドからスパイスを手に入れてカレー粉を作ったイギリスの食文化です。後年カレーライスが成長して時代の寵児となると、実の親にはたびたびスポットが当たりました。しかし、育ての親あってのカレーライスなのに、残念ですが世間はカレーライスの里親のことを忘れてしまったのです。

それではせっかくできのいい子を世に出した育ての親は報われません。なかでもぶっかけ飯はとくに忘れられていますので、あらためてその功績をたたえたいものです。

江戸時代、ぶっかけ飯は男のものでした。

それも職人衆や商家の小僧などの独身男だけでなく、貧乏長屋の所帯持ちは家庭でも食べました。長屋の食卓は目刺《めざ》しがあればいいほうでした。普通は味噌と漬け物だけ。「味噌さえあれば飯を何杯でも食べられる」というのが、長屋の男たちの自慢だったのです。そんな食卓にときどき味噌汁やだしで溶いたとろろ汁などのおかずが加われば、彼らはぶっかけ飯にしました。

江戸っ子は気が短いから、おかずとご飯を別々に食べるなんてまどろっこしかったのでしょう。それと、ぶっかけ飯はおいしいんです。だしのきいた汁を吸ってご飯がふくらみ、ご飯の甘みとだしの塩気が馴染んでこたえられません。だから、たとえおかみさんに「犬じゃあるまいにそんな食べ方はおよしよ」などといわれても、亭主たちはいっこうにやめません。一方の娘衆は「ぶっかけ飯を食べると嫁入りの日に雨が降る」といわれたものです。はしたないから女の食事ではないというのです。けれども、止められればなおさら食べたくなるのが人情。そんなときは味噌汁椀のほうへご飯を入れてしまえばいいのです。そうすれば、ぶっかけ飯ではなくて飯入り汁になるからです。

ところで、先ほどからずっとご飯、ご飯といっていますが、白米をぶっかけにすると「罰当たり」と怒鳴られました。外食は別にして家庭のぶっかけ飯には白米が多少入ることはあっても、茶碗のなかの主流は麦、稗、粟といった雑穀類です。白米は銀シャリと呼ばれるほど大事にされましたから、汁をかけるなんてもったいない。そんな考えは地方に行けば行くほど強いものでした。

十返舎一九の『東海道中膝栗毛』で、弥次さん喜多さんが立ち寄った店のひとつに丁子屋《ちょうじや》があります。静岡県の安倍川の近くに現在もあるこの店で有名なのは麦とろご飯。とろろ汁のかけ飯で今も麦飯を使っています。その理由は嚙まずにかっ込むので白米より消化がいいということですが、これは現代的な解釈でしょう。真相は、白米が食べられなかった江戸時代の食生活の名残だと思います。

当時の庶民の主食はまだ雑穀だったといっても過言ではありません。雑穀をなんとかおいしく食べようとして知恵をしぼった結果、ぶっかけ飯が発明されたのでしょう。そして、ありあわせの素材を駆使して見事においしい料理を編み出しました。ぶっかけ飯は江戸庶民の知恵の結晶なのです。

それにひきかえカレーライスは最初から白米を使っていました。そのため、それまでのかけ飯とは一線を画したちょっと高級な料理として定着していったのです。それでも白米に対する遠慮は、「日本式」のカレーライスの盛り付けに見てとれます。ご飯を汚さぬよう、片側にだけルーがかけられます。そしていきなり全体をかきまぜず、白いご飯とルーを一口ずつスプーンにとり行儀よく食べ進むのです。本場の人が見たら奇妙な儀式ですね。

ともあれ、当時は庶民には高嶺の花。そんなカレーライスを庶民がようやく口にしはじめるのは、明治が終わって大正時代になってからでしょう。民主主義と資本主義経済がうまく機能しだして、庶民にもお金が届いてくるようになったとき、カレーライス人気が沸き起こりました。けれどもそんな幸せな時は長続きせず、戦争の暗雲が庶民の上にのしかかります。そして敗戦。日本人は江戸の庶民に逆戻り。稗や粟、薩摩芋の食事を強いられてぶっかけ飯も復活しました。

このときの記憶が生々しい世代が、娘のぶっかけ飯を戒めるのもわかります。やがて終戦後しばらくたってようやく食卓に白いご飯が復活し、家々ではカレー粉と小麦粉を炒めてカレーライスを頻繁につくるようになりました。みんなで卓袱台《ちゃぶだい》を囲んでカレーをかけた白米を食べることができるようになった世の中が、どんなにうれしかったことでしょう。

家庭のカレーライスは蕎麦屋のカレーライスと同じで、かつおだしがきいていて、ジャガイモ、タマネギ、ニンジン、そして豚肉が入っていました。考えてみますとこのカレーライスこそ江戸のぶっかけ飯の直系です。ただカレーをかけるのはいつもまっ白なお米のご飯。今は白米を食べられる豊かな世の中に感謝したいものですね。

当時よりも豊かになったのはうれしいことですが、豊かさが当たり前になってしまうと、いつか必ずつかんだものを手放すことになるでしょう。反対に厳しかった時代の辛さを知れば今の幸せを守ろうとするはずです。ときには、身近なカレーライスの来し方に思いをはせながら噛みしめてみてはいかがでしょうか。そうすれば今の世の中の何を守らなければいけないかも、わかるような気がするのです。（談）

（「別冊サライ」二〇〇〇・四）

江戸の豆腐事情

江戸時代の食品のなかで、豆腐ほど万人に愛されたものはありません。豆腐は、華美を嫌う武士道精神、粋な職人気質、さらには商人の倹約心など、異なる価値観を持つすべての人々を満足させる食品だったのでしょう。

豆腐は、長屋の住人から、お城の殿様まで、膳に豆腐の上がらぬ日はないほど、常食されていました。豆腐の値上げは食費への深刻な打撃となるので、役人が価格設定に介入することもたびたびです。

また、江戸中期以降、町人の娘が「行儀見習い」として大奥に勤めることがありました。この「奥勤め」は嫁入りの箔《はく》になったのですが、採用試験のひとつに、なんと、豆腐を賽の目に切る実技試験があったのでした。豆腐がきちんと賽の目に切れているかどうか、水を張った桶に放って慎重にチェックされるのです。年頃の娘を大奥に上げるために、どれほどたくさんの豆腐が練習台になったことでしょう。家族はそのうち「細かくないやつが食べたい」と嘆いたのかもしれません。

その頃、江戸好みの食を、俗に「三白《さんぱく》」とたとえていました。江戸っ子がそれさえあれば事足りるとした三つの白いものとは、白米、大根、そして豆腐です。徳川家の長期安定政権の下、戦争という臨時支出のない泰平の世は栄えていきました。一方で、非生産者である武士階級は、貨幣経済の波に取り残され、財政難にあえいでいました。江戸時代に三回断行された倹約令は、そんな彼らの延命策で、物価を下げ、低生産、低消費、低成長にすることでしか、増収のない武士は救えなかったのです。

その倹約令の主役が「木綿・豆腐」。もめんどうふではなく、木綿と豆腐。つまり、殿様が木綿を着て豆腐を食べるということです。主君がそうすれば、家来が絹を着て魚を食うわけにはいかず、「木綿・豆腐」に従い、領民も渋々それにつき合いました。これで自然と倹約につながるという論理で、豆腐は、安く栄養があり、一年中供給できる優秀な食品で、質素の象徴となったのでした。とはいえ、強制的に食べさせられたのではなく、おいしくて飽きがこない魅力があればこそでしょう。

さて、すべての人に好まれ、親しまれた豆腐は、どのように調理されていたのでしょうか。

まず思い浮かぶのは、ご存じ『豆腐百珍』でしょう。この本は天明二年（一七八二）に大坂で出版されるや、評判を呼び大ベストセラーとなり、続編も編まれました。そこには、豆腐を使った料理のレシピが二百数十種類も登場していて、そのバリエーションの豊富さ、奇抜な着想には驚かされます。ところが、なかには、作ることができないもの、作ってもおいしくないものも少なくなく、この本が実用書ではなく洒落を楽しむ読み物だったことがわかります。結局、豆腐はなるべく手を加えずにそのまま食べる「生《き》豆腐」に尽きる、というのが衆目の一致するところ。夏は冷奴、冬は湯奴（湯豆腐）というのが一般的でした。

むしろ、こだわりを見せたのは調理法ではなく、薬味と調味料でした。現在、薬味の王者である刻みネギは、まだ定番化しておらず、生姜、青唐辛子、山葵、大根おろし、陳皮《ちんぴ》（蜜柑の皮）、紫海苔（海苔の佃煮）がよく使われたもの。ほかには、紫蘇、胡椒、山椒、削り節、一味、胡麻、芥子《からし》などもありました。

調味料は、醤油、味噌、酢、塩などですが、よく使われたのは醤油です。江戸中期以降、醤油が庶民層まで普及するようになってから、豆腐の消費が、ぐんとハネ上がります。その頃、醤油をたらしただけでおかずになる奴豆腐は、不動の地位を得ました。同じ醤油でも冷奴には生醤油、湯奴にはかつおの出し汁を加えた少しとろみのある醬油と、かけ汁を使い分けていたのです。そして、冷奴にも湯奴にも必ず使われる薬味は、大根おろしでした。

それから、豆腐の姉妹品として、厚揚げ、薄揚げ（油揚げ）、がんもどきが、すでにありました。ちなみに、がんもどきは「雁擬き」で、雁肉のつくねに似せたといわれますが、定かではありません。京坂ではこれを「ひろうす（飛龍頭）」と呼び、一説にポルトガル語の「フィロス」から来たともいわれます。どちらも、現在のように生地へ具を練り込んだものではなく、具を餡にして饅頭のように生地で包み込んだので、手間がかかるため高価でご馳走の部類でした。反対に非常に廉価で手軽な食材として普及したのが、なんといっても豆腐の副産物であるおからでしょう。とくに大所帯の奉公人のおかずとして毎日使われていました。

また、露店や茶店では豆腐を串刺しにして木の芽の味噌などをつけて焼いた、豆腐田楽が売られ、手軽なスナックの代表格でした。そんな豆腐田楽の亜流で、幕末に流行ったものが、豆腐の蒲焼きです。これは豆腐の片側に紫海苔をつけて、鰻に見立てて焼くものですが、本家の鰻の蒲焼きが高価だったので飛ぶように売れたそうです。

ところで、関東は木綿、関西は絹ごしという、東西の嗜好の違いを、江戸風俗の百科事典ともいえる幕末に編まれた喜田川守貞の『守貞漫稿《もりさだまんこう》』（編年不明）はこう評します。

〈京坂柔らかにして色白く味美味なり。江戸は堅くて色潔白ならず味劣れり〉

当時の江戸の豆腐は京坂のものに比べて味が劣っていたとは思いませんが、堅いというところを見ると、江戸の豆腐は木綿豆腐が主流でしょう。京坂の豆腐文化は京都を中心にでき上がったもの。公家と僧侶が担った雅の文化と、武士と職人と商人が作りあげた簡素な文化の違いが豆腐をふたつに分けたのでしょうが、東と西で違うのはそれだけではありません。江戸時代の中期頃、京坂では豆腐一丁十二文、一方、江戸の一丁は五十四文から六十文です。この値段の差は質の違いではなく大きさの違いでした。

江戸の一丁は、現在の四丁分もの大きさでした。かたや京坂は江戸の四分の一ぐらいだったといいます。なぜ江戸の豆腐は大きく、京坂は小さかったのでしょうか。

ひとつには、中規模の自営業の多い京坂に対し、江戸は大商店、武家屋敷などの、今でいう会社組織がひしめいていました。

ですから、それらの大口注文に対応しやすいサイズになったと考えられます。しかし、一方では、組織に属さない職人が多かったのも江戸の町の特徴です。こうした小家族のために、豆腐は四分の一丁から切り売りされていました。

江戸では量り売りが豆腐に限らず食べ物の売り買いの常識でしたが、当時の京坂では馴染みの薄い習慣でした。

江戸は数家族が一軒の家で暮らすような長屋文化が中心です。武士や大商人などの団体社会と、職人や小商人などの個人社会が隣り合う町で生まれた、合理的なシステムといえるのかもしれません。

そんな江戸の町で豆腐を売った豆腐屋さんは、今と変わらずよく働きました。起き出すのは、だいたい夜明けの二時間前。豆腐屋は、朝飯前、昼、夕方と、日に三度、ピタリと同じ時刻に町を回るので「時計代わりの行商」といわれました。天秤棒の片方に豆腐を入れ、もう一方には油揚げや厚揚げを入れ、その頃はラッパではなく「豆腐ぃ〜」と売り声をあげて町を歩いたのです。

京坂とは異なり簡素な台所設備しかなかった長屋では、豆腐を切るのはもっぱら豆腐屋の役目。「賽の目にお願い」「うちは奴だよ」という一軒ごとの要望に、ひとつひとつまじめに応えていく江戸の豆腐屋。その姿はまさに勤勉の象徴。そのうえ値段を抑えて奉仕するのです。

他の豆腐屋より安く大きなものを売る豆腐屋が、お上から褒められた、という記録も残っています。当時、豆腐屋の屋号に『正直屋』が多かったというのもうなずけます。毎日消費される豆腐は、配達販売により一定の売り上げが見込めるので、真面目に仕事をしていれば、まず食いっぱぐれがない確実な商売だったのでしょう。

こうした町内の豆腐屋が人気を博す一方で、江戸には自家製の高級豆腐を食べさせる豆腐料理専門店も数軒ありました。なかでも有名なのが吉原の『山や』(『山屋』とも書く)という豆腐店です。ここの豆腐は一般のものよりなめらかで、色も白く「遊女の肌のような豆腐」だといわれ庶民の憧れでした。

ともあれ、こういった高級豆腐は例外で、基本的には殿様の食べる豆腐も、庶民の食べる豆腐も大差なく、都市でも農村でも、日々の身近なおかずとして全国的に食べられました。豆腐は平等な食べものだったのです。

〈まめ(達者)で四角く(真面目で)やわらかく(温厚で)また老若に憎まれもせず〉

豆腐をこう詠んだのは、隠元禅師でした。(談)

(「別冊サライ」二〇〇〇・六)

江戸の温泉事情

世が落ち着き始める八代将軍・吉宗の時代になると、江戸市中に銭湯が普及して大賑わいとなります。江戸っ子は大の入浴好きでした。当時の銭湯は禁止されても混浴が多く、まさに、老若男女が裸の付き合いをする場所でした。また、お互いに情報交換したり遊びの計画を練るサロンでもあり、庶民の楽しみの場だったのです。

とはいえ、同じ風呂でも温泉となると別の話になります。やはり江戸時代の温泉は、社交の場ではなく湯治場でした。

徳川幕府が開かれ、戦乱の世に終止符が打たれると、大名の肝煎りで各地の温泉が大整備されていきます。愛媛県の道後や兵庫県の有馬、それから石川県の山中などはその走りでしょう。江戸付近で温泉整備が行なわれるのは、西日本よりやや遅れます。時代は銭湯が広まり始めるのと同じ吉宗の時世です。

箱根、熱海、伊香保、そして草津などの湯治場で、小屋掛け程度だった浴場が改修され、温泉宿が建ち始めました。すると、温泉の効能が詳しく調べられ、享保(一七一六〜)の頃には、現在の温泉治療の基礎ができたと言っても過言ではありません。

また、江戸を始めとした大都市には、温泉の効能に詳しい医者がいて、症状に合わせてどこの温泉がいいかと、処方箋ならぬ処方泉を施しました。それらの医者たちに、効能に関する情報を提供していたのが、各地の温泉地から湯治客勧誘のために都市にやって来た宣伝マンでした。温泉治療の専門書も出て、独学する賢明な医者もいたのですが、それでもこうした宣伝マンからの情報は、あなどれなかったはずです。

彼らは江戸や大坂などに住まい、自分たちの出身地の温泉をPRし、温泉地と相談者の双方から利を得ていました。さらに宣伝マンの中には、湯治旅行を斡旋するツアーコンダクターさえ現れるようにもなりました。診察から温泉選び、そして湯治に出かけるまでが、しっかりセットになって用意されるというのは、まるで今の旅行会社のパックツアーなみです。中でも草津は宣伝上手でした。そのため、江戸から遠いのにもかかわらず、湯治客には絶大な人気を誇りました。

江戸っ子が草津へ行くのは大変です。関所を越えるので、当然、通行手形が要ります。それに湯治には、温泉地が藩の内か外かにかかわらず、湯治願いを事前に藩に出すことが義務づけられていました。この二重の手続きが草津には必要で、湯治客やツアーコンダクターたちを悩ませました。しかし、享保年間に温泉地として充実し始めた箱根は、関所を越えないので通行手形は要りませんでした。

関所を越えない温泉地には、もうひとつ熱海があります。けれども、こちらは徳川家の温泉という感があって少し敷居が高かったのです。慶長九年（一六〇四）に徳川家康は熱海へ湯治に行き、その後にお湯を江戸城へ送らせたのは有名な話です。これが発端となって徳川家では代々熱海のお湯を運ばせました。中でも温泉を好んだのは吉宗です。享保十一年から十九年までの八年間で江戸城に運ばせた湯樽は三千六百三十四個にも達し、その中には、熱海のお湯のほか草津のものもありました。

こうした将軍家に運ばれた温泉は「御汲湯《おくみゆ》」と言われ、これを献上する湯宿は、苗字帯刀を許され江戸に向かう際には、紋付袴姿で武士の護衛付きでした。そんな熱海の一方で、箱根はもっとカジュアルな感じです。病を治したい一心で集まった人たちが、自炊しながら一か月とか一か月半も長逗留をするという風情でした。宿では湯治客に、七輪、鍋、御膳や寝間着、布団などを、宿泊料とは別に有料で貸し出しました。でも、滞在期間が長くなれば料金が嵩《かさ》んで、生活道具を借りることができない人が出てきます。そんな人は、宿で雑用を手伝うなどアルバイトをしながら滞在できる仕組みになっていました。

しかも、箱根の温泉は、元禄の頃には湯治の方法まで示されるほど研究が進みました。それによると、入浴は一日二、三度から六、七度で、七日を一単位として、七日、十四日、二十一日という具合に日数を増やしていくのがいいとされました。

さて、温泉には湯治とともに、行楽という楽しみもあります。行楽で温泉に行く人たちがちらほら出始めるのも江戸後期、特に文化以降（一八〇四〜）のことです。箱根には、伊勢講や富士講帰りにひと風呂浴びるなどという、いわゆる一夜湯治の客も混じるようになります。また、中には専用の料理人と愛人を連れて乗り込む豪商や、これといった病気や怪我があるわけではないのに長逗留という人たちも出てきます。

そんな人たちを物見遊山の遊び人などといっては、気の毒です。江戸時代の旅は大仕事でした。まず、お金と日数がかかります。お伊勢様など一生に一度でも行けたなら幸せという時代です。街道の旅籠《はたご》は、現在の旅館とは違います。旅籠はまさに道中の仮宿で、日暮れに着いて朝は早くに、宿の人からとっとと追い出されてしまいます。食事の用意はあっても別料金のうえ、部屋はほとんどが割り床の相部屋です。加えて、江戸の最低の長屋が月四百文の時に一泊百五十文から二百文もしたのです。

ですから、温泉は長い人生で一仕事終えた人、主に還暦過ぎた人の特権でもありました。今のように若い女の子が温泉三昧とは、江戸の庶民には奇異に映るでしょう。たとえば、長年苦労を重ねた番頭さんを、商家の主人がねぎらうため路銀を持たせて温泉に送り出す。番頭さんは番頭さんで、温泉に長逗留してじっくりこれからの人生を考える。そんな様子が思い浮かびます。湯治場は身体だけでなく心も癒し、命の洗濯をする場所でもあったのです。

江戸時代はこうした人生の第二章を迎えようという人には、とても優しかったのでしょう。ささいなことですが、還暦を過ぎた人は駕籠が割り引きされ、通行手形も比較的楽に下りました。現役と隠居の間にある人、そして、病を持ち生と死の間にある人などが、人生の分岐点に立って歩んできた道のりや、これからの行く先をじっくり見つめ直す場所、それが江戸の人々にとっての温泉だったのです。

身体や心にいいことを、「養生」と言いますが、生を養うという意味は江戸中期の温泉にこそふさわしいのではないでしょうか。自然が創ったお湯から自然の力をもらうという敬虔《けいけん》な気持ちも強く、一種修行の場にも似た神聖な扱いでした。それが、幕末の頃になるとしだいに様相が変わってきます。温泉地は各所から人がたくさん集まる場所になり、今の温泉街にあるようなさまざまな商売は、幕末になるとほぼ出そろうのです。

湯女《ゆな》の制度が早くから確立したのは有馬です。ここでは入浴客を世話するのを湯女、和歌や芸事を身に付けた湯女上りの四十がらみを大湯女、そして、これから湯女に育っていく若い女性を小湯女と呼んでいたそうです。また、湯治宿しかなかった温泉地に、籠屋や筆屋、荒物屋に日用雑貨店、さらに食料品店が軒を連ねるようになり、大工や左官などの職人も暮らすようになりました。人々が暮らす町として温泉地がだんだんと開かれ始めたわけです。湯治場から温泉街への移行は、早いところですと元禄期（一六八八〜）から始まりました。

江戸市中では、江戸っ子御用達温泉だった箱根を中心に、種々の温泉案内書が出始めました。これらは各温泉の効能から、温泉宿の場所、さらには神社や名所なども盛り込まれた絵入りの本で、今のガイドブックとなんら遜色ありません。また、全国の九十から百にもなる温泉を、大関から前頭まで格付けした温泉番付が出て、草津と有馬が東西の大関に座りました。この番付からは江戸の市民が効能だけではなく、町としての楽しみも温泉選びのポイントにしていたことがうかがえます。

江戸時代から始まった温泉地の変化によって、湯宿が内湯を作り出したことは少し残念に思います。それまでの湯治場にあった湯船は、どこも湯治客も入れば地元の人も入る共同浴場でした。やはり、温泉は外湯こそが風情があります。ゆっくり風呂に入ってほてった身体を、景色を眺めながら冷ますのもたまらないですし、ご当地のお国なまりを湯気の中で間近に聞けば、得した気持ちにもなります。個人的には上山温泉の共同浴場が好きです。

とはいえ、私はあまり多くの温泉を知りません。風呂は好きです。でも温泉はまだまだ早いのかもしれません。年をとってからの楽しみに大事にとっておこうと思っています。その時は、一泊二日ではなく、半月以上の長逗留を実践するつもりです。

（談）

（「別冊サライ」一九九九・十）

解説

松田哲夫

一九八二年、「ガロ」からマンガ家デビューして間もない、二十三歳の杉浦日向子さんと出会った。色白の可愛らしいお嬢さんで、大きな目をクリクリッと動かしながら語る吉原や川柳の話はとても魅力的だった。それからは、読者として、江戸や明治初頭に材をとったマンガ作品を楽しませてもらった。また、編集者として、エッセイ集やマンガ集など、二十数冊の本をまとめさせてもらうことになった。

一九八六年、赤瀬川原平さん、藤森照信さん、南伸坊さん、林丈二さんたちと路上観察学会を結成したとき、唯一の女性会員として参加してくれた。一緒に各地を旅行したが、町歩きを心底楽しんでいる姿が印象的だった。

一九九三年五月、原稿を受け取りにいったとき、「実は、血液の免疫系の難病なんです」との衝撃的な告白をされた。白血病と同じく、骨髄移植以外に完治する方法はなく、体力的に無理が利かないのでマンガ家を引退すること、これまでのように路上メンバーと旅をすることは難しいかもしれないことなどを淡々と話してくれた。

この時、いただいた原稿は、当時、ぼくが編集に携わっていた『ちくま日本文学全集・岡本綺堂』の解説だった。この「うつくしく、やさしく、おろかなり」という文章を読んで驚いた。それまでも、歯切れのいい文章を書く人だったが、一段と切れ味が鋭くなっている。病気をカミングアウトしたことと重ね合わせて、日向子さんの、生きていく上での覚悟のようなものをヒシヒシと感じたものだった。

この文章を読んでからは、これを中心にしてエッセイ集を編みたいという思いが募っていった。最初は、一九八七年にぼくが編集して刊行させてもらった『大江戸観光』の続編のようなものをイメージしていた。

一九九六年に、それまで集めたエッセイをもって、日向子さんに相談にいった。すると、「最近、こういうものを書いているんですよ」と、いろんな文章のプリントアウトを渡してくれた。それを加えて目次をつくってみたが、まだ一冊にするには足りないという感じだった。そこで、「もう少し、エッセイが集まるまで待ちましょう」ということにした。

その頃は、病気治療のために休み休み仕事をされていたが、それを「隠居生活」と称し、お酒とそばを楽しんだり、世界各地への船旅に出かけたりと、積極的に人生を満喫されていた。お目にかかることも少なくなったが、機会があれば、「あのエッセイ集まとめましょう」とお願いだけは続けてきた。しかし、ぼくとしては、日向子さんの気持ちが熟するまで気長に待つつもりだった。

二〇〇〇年八月、建設省（当時）とのコラボレーションで、「奥の細道路上観察の旅」を続けていたぼくたちは、仙台で報告集会を開くことになった。日向子さんにも声をかけると、「喜んで」と同行してくれた。これが、彼女との最後の旅になってしまった。このとき、シンポジウムの場で「江戸の道」について短い講演をしてくれた。会場の聴衆のみならず、ぼくたち路上観察学会のメンバーも、その惚れ惚れとするような話しぶりに魅了されてしまった。

二〇〇三年、難病が緩解しつつあったという彼女に、さらに過酷な運命が訪れる。下咽頭ガンが発見され、その手術をすることになったのだ。二〇〇四年三月、ダイヤモンドレディ賞の授賞式に出席された時、久しぶりにお目にかかった。やせ細った姿は痛々しかったが、話してみると、相変わらずしなやかで芯の強い杉浦さんがそこにいた。

その姿に接した後は、「もしも、ということがあるといけないから、お元気なうちにエッセイ集の話を進めなくては」と焦るような気持ちでいた。しかし、「最後のエッセイ集」というニュアンスにならないように手紙を書くことがどうしてもできず、いたずらに時が過ぎていった。

二〇〇四年十一月、日向子さんはガンの再手術を受けられた。術後、あまり時を経ていない二〇〇五年一月、南太平洋クルーズに旅立った。付き添いなしの一人旅だと聞いて、意志の強さに驚嘆した。こんなに元気なら、回復される日も近いのではないかと淡い期待を抱いていたとき、「七月二十二日に亡くなった」との報が届いた。

日向子さんの訃報に接してからの一年間は、折にふれて日向子さんのことに思いを馳せてきた。周囲の人たちから、若すぎる死について質問されることも多く、新聞に追悼文を書かせてもらったりもした。そのたびに、二十三年間の公私にわたるつきあい、その一つ一つの場面を思い出していた。

その頃、「お別れの会」を開こうじゃないか、という声があちこちからあがりはじめていた。そこで、ソ連（ソバ好き連）の方々と、ぼくたち路上観察学会とが語らって準備を進めた。どちらも、日向子さんが親しんでくれていた遊び仲間だったし、編集者やテレビ関係者など、仕事面でのつながりがある人たちも自然に集っていたからだ。十月六日に東京會舘で開かれた会は、しめやかな、そして、にぎやかな、日向子さんにふさわしいものになった。出席された方たちにも、きっと深い印象を残したに違いない。

二〇〇六年四月、NHKの新番組「ゆるナビ」の、最近亡くなった女性を偲ぶコーナー「さようならの風景」第一回に日向子さんが選ばれた。そして、どういうわけか、ぼくに出演しないかという依頼がきた。そこで、日向子さんがこよなく愛した蕎麦屋さん、高田馬場の傘亭をお借りして、ロケが行われた。ご主人の宇都宮さんが心を込めて打ったソバ、それに旨いお酒とつまみで日向子さんを偲びつつ、気持ちよく酔うことができた。

これと並行して、日向子さんのエッセイ集の目次作りもすすめた。新潮社の福田由実さんにも協力していただき、エッセイや談話、講演などを渉猟していった。その中から、いろんなかたちで「江戸」にふれたものをピックアップし、目次を組み立てていった。

過去十年に発表されたエッセイ・談話を読んでいると、日向子さんが側にいて語りかけてくれるような錯覚に陥った。それは、幸せな時間だった。書名は、最初のプラン通り『うつくしく、やさしく、おろかなり』と決めた。サブタイトルに『私の惚れた「江戸」』とつけた。まさに、生涯を懸けて惚れ抜いた江戸に日向子さんが送る、最後の恋文と呼んでもいい本になったと思う。

装丁は、路上観察学会の仲間である南伸坊さんにお願いした。出来上がった見本を届けて、日向子さんの笑顔を目の当たりにしながら、冷や酒で一献傾けたいところだが、叶わぬ夢となってしまった。

二〇〇六年五月

（単行本版「あとがき」）

ありがとう
ございます、
1987,5,27
ヒ
杉浦日向子

『大江戸観光』の見本を届けたときに
見返しに日向子さんが描いてくれた絵

本書は、二〇〇六年八月、小社より刊行された。

新版 思考の整理学　外山滋比古

「東大・京大で1番読まれた本」で知られる〈知のバイブル〉の増補改訂版。２００９年の東京大学での講義を新収録し読みやすい活字になりました。

質問力　齋藤孝

コミュニケーション上達の秘訣は質問力にあり！　これさえ磨けば、初対面の人からも深い話が引き出せる。話題の本の、待望の文庫化。（斎藤兆史）

整体入門　野口晴哉

日本の東洋医学を代表する著者による初心者向け野口整体のポイント。体の偏りを正す基本の「活元運動」から目的別の運動まで。（伊藤桂一）

命売ります　三島由紀夫

自殺に失敗し、「命売ります。お好きな目的にお使い下さい」という突飛な広告を出した男のもとに、現われたのは？（種村季弘）

こちらあみ子　今村夏子

あみ子の純粋な行動が周囲の人々を否応なく変えていく。第26回太宰治賞、第24回三島由紀夫賞受賞作。書き下ろし「チズさん」収録。（町田康／穂村弘）

ベルリンは晴れているか　深緑野分

終戦直後のベルリンで恩人の不審死を知ったアウグステは彼の甥に訃報を届けに陽気な泥棒と旅立つ。歴史ミステリの傑作が遂に文庫化！（酒寄進一）

向田邦子ベスト・エッセイ　向田邦子　向田和子編

いまも人々に読み継がれている向田邦子。その随筆の中から、家族、食、生き物、こだわりの品、旅、仕事、私……、といったテーマで選ぶ。（角田光代）

倚りかからず　茨木のり子

もはや／いかなる権威にも倚りかかりたくはない……話題の単行本に3篇の詩を加え、高瀬省三氏の絵を添えて贈る決定版詩集。（山根基世）

るきさん　高野文子

のんびりしていてマイペース、だけどどっかヘンテコな、るきさんの日常生活って？　独特な色使いが光るオールカラー。ポケットに一冊どうぞ。

劇画 ヒットラー　水木しげる

ドイツ民衆を熱狂させた独裁者アドルフ・ヒットラーとはどんな人間だったのか。ヒットラー誕生からその死まで、骨太な筆致で描く伝記漫画。

ねにもつタイプ　岸本佐知子

何となく気になることにこだわる、ねにもつ。思索、奇想、妄想はばたく脳内ワールドをリズミカルな名短文でつづる。第23回講談社エッセイ賞受賞。

TOKYO STYLE　都築響一

小さい部屋が、わが宇宙。ごちゃごちゃと、しかし快適に暮らす、僕らの本当のトウキョウ・スタイルはこんなものだ！　話題の写真集文庫化！

自分の仕事をつくる　西村佳哲

仕事をすることは会社に勤めること、ではない。仕事を「自分の仕事」にできた人たちに学ぶ、働き方のデザインの仕方とは。（稲本喜則）

世界がわかる宗教社会学入門　橋爪大三郎

宗教なんてうさんくさい!?　でも宗教は文化や価値観の骨格であり、それゆえ紛争のタネにもなる。世界宗教のエッセンスがわかる充実の入門書。

ハーメルンの笛吹き男　阿部謹也

「笛吹き男」伝説の裏に隠された謎はなにか？　十三世紀ヨーロッパの小さな村で起きた事件を手がかりに中世における「差別」を解明。（石牟礼道子）

増補　日本語が亡びるとき　水村美苗

明治以来豊かな近代文学を生み出してきた日本語が、いま、大きな岐路に立っている。我々にとって言語とは何なのか。第8回小林秀雄賞受賞作に大幅増補。

子は親を救うために「心の病」になる　高橋和巳

子は親が好きだからこそ「心の病」になり、親を救おうとしている。精神科医である著者が説く、親子という「生きづらさ」の原点とその解決法。

クマにあったらどうするか　姉崎等　片山龍峯

「クマは師匠」と語り遺した狩人が、アイヌ民族の知恵と自身の経験から導き出した超実践クマ対処法。クマと人間の共存する形が見えてくる。（遠藤ケイ）

脳はなぜ「心」を作ったのか　前野隆司

「意識」とは何か。どこまでが「私」なのか。死んだら「心」はどうなるのか。――「意識」と「心」の謎に挑んだ話題の本の文庫化。（夢枕獏）

しかもフタが無い　ヨシタケシンスケ

「絵本の種」となるアイデアスケッチがそのまま本に。くすっと笑えて、なぜかほっとするイラスト集です。ヨシタケさんの「頭の中」に読者をご招待！

つげ忠男コレクション　つげ忠男　吉田類 編
下町の場末や路地裏、特飲街に、失われた戦後風景が明滅する『ガロ』以降の伝説の作品を、風狂の酒場詩人が選び出す。文庫オリジナル・アンソロジー。

林静一コレクション　林静一　又吉直樹 編
実験と試行の時代を先導した作品世界を、当代随一の林静一フォロワーである又吉直樹が「青春の詩」として新たな光を当て、精選する。

楠勝平コレクション　楠勝平　山岸凉子 編
人の世の儚さや江戸庶民の哀歓を描き、自らの死をも凝視して夭折した幻の漫画家・楠勝平。その不朽の名作を作家・山岸凉子が精選。（山岸凉子）

現代マンガ選集
表現の冒険　中条省平 編
日本の「現代マンガ」の流れを新たに発見せよ！　本巻では、マンガ表現の独自性を探り、「本物」を選りすぐり、時代を映すマンガの魂に迫る。

現代マンガ選集
破壊せよ、と笑いは言った　斎藤宣彦 編
作品の要素・手法からジャンルへと発展、確立する過程を石ノ森章太郎、赤塚不二夫など第一人者を筆頭に重要作を収録し詳細な解説とともに送る。

現代マンガ選集
恐怖と奇想　川勝徳重 編
街頭紙芝居！　絵物語！　変な動物！……1960年代の隠れた名作から現在の作家の作品までを収録。新進気鋭の漫画家が選ぶ、稀有な傑作アンソロジー。

現代マンガ選集
少女たちの覚醒　恩田陸 編
常に進化し、輝き続ける「少女マンガ」という豊穣な世界──。1970年代から現在にいたるまで、編者独自の記憶と観点より眼差しを向ける！

書痴まんが　山田英生 編
本をテーマにしたマンガ・アンソロジー。水木しげる、永島慎二、つげ義春から若手まで16作品を収録。本に溺れる、そこにドラマが生まれる。

神保町「ガロ編集室」界隈　高野慎三
1960年代末、白土三平、つげ義春、佐々木マキ、林静一らが活躍した雑誌「ガロ」。活気ある現場や人々の姿を描く貴重な記録。巻末対談・つげ正助。

カムイ伝講義　田中優子
白土三平の名作漫画『カムイ伝』を通して、江戸の社会構造を新視点で読み解く。現代の階層社会の問題が見えると同時に、エコロジカルな未来も見える。

品切れの際はご容赦ください

ちくま文庫

うつくしく、やさしく、おろかなり
――私《わたし》の惚《ほ》れた「江戸《えど》」

二〇〇九年十一月十日 第一刷発行
二〇二四年 七 月二十日 第九刷発行

著 者 杉浦日向子（すぎうら・ひなこ）

発行者 増田健史
発行所 株式会社 筑摩書房
東京都台東区蔵前二―五―三 〒一一一―八七五五
電話番号 〇三―五六八七―二六〇一（代表）
装幀者 安野光雅
印刷所 信毎書籍印刷株式会社
製本所 株式会社積信堂

ISBN978-4-480-42660-4 C0195